ユング派の類心的イマジネーションが開く視界

心と身体のあいだ

老松克博 著

HANDAI Livre 067

大阪大学出版会

はじめに

類心的領域の探求

スイスの深層心理学者、カール・グスタフ・ユング Carl Gustav Jung（一八六五〜一九六一年）は、心と身体の関係性を考えるにあたって、類心的無意識なる概念を提示した（Jung, 1954d）。類心的無意識は心の最も深い層にあって、もはや心理的とも生理的とも区別のつかない領域である。つまり、そこは、心のようで心ではなく、身体のようで身体ではない。いうなれば、心と身体が境を接している。それゆえ、類心的 psyhcoid という聞き慣れない形容詞を冠することになった（図1）。

すでによく知られていると思うが、ユングは、心の構造として意識 consciousness、個人的無意識 the personal unconscious、集合的無意識 the collective unconscious の三層を考えていた。そして、尽きることのない情熱を注いで無意識を探求した。とりわけ、集合的無意識の特性と

図1　C・G・ユング
対談中のユング（左側）。Jaffé, A., hrsg., 1977から。

その顕現にまつわる臨床を。自伝（Jung, 1971/1987）の冒頭に「私の一生は、無意識の自己実現の物語である」と述べているとおりである。

　ところが、集合的無意識の最深部とも言える類心的無意識にかぎっては、概念を提示するにとどまり、その先まで歩を進めようとはしなかった。そのため、私たち、ユング派の精神分析家や心理療法家でも、類心的無意識の実像はイメージしにくく、日々の臨床に自信をもって導入するには難があった。

　ところが、近年、類心的無意識と密接なつながりがあるように思われる心の障害が次々と注目を集めるようになった。たとえば、発達障害や心的外傷後ストレス障害（post-traumatic stress disorder, PTSD）である。これらの障害においては、心的な次元の問題と身体的な次元の問題が特異なかたちで絡み合っていて、心の問題の身体化といった従来の単純な図式は通用しない。

　いま述べた「心的な次元の問題と身体的な次元の問題の絡み合い」には、非常に興味深い特徴がある。この絡み合いが時間の歪みや空間の歪みとして体験されやすいことである。たとえばPTSDにおいては、過去にトラウマ（心的外傷）を体験した瞬間が、あたかも現在のことのように不意に生々しく甦る。また、体外離脱体験や自己像視など、空間体験の異常も生じる。

一方、発達障害は、時空ということでいえば、現在への囚われが顕著である。目の前の一つの対象に集中するあまり、注意が他へはまったく行かなくなってしまう。あるいは、一見それとは反対のようだが、次から次へと新たに視野に入ってくる対象に注意が転導して、少しもとどまらない。生活のうえでも移動を好み、しばしば一所不住であちこちを放浪する。要するに、そのつどの「今ここ」に魅了され続けるのである（老松、二〇一四）。

注目すべきは、PTSDの歪んだ時空の体験が、予言や透視など、いわゆる霊能の発現につながる場合が少なくないこと。そして、発達障害の「今ここ」への囚われという特異な時空の体験が極まると、「今」の彼岸にある「永遠」が、また「ここ」の彼岸にある「無辺」が一気に流れ込んできて、結果的に啓示がもたらされることである（老松、二〇一四）。

ユングは「意味深い偶然の一致」を共時的現象と呼び、その背後にある原理を共時性（共時律）synchronicityと名づけた（Jung, 1952, 老松、二〇一六b）。因果律causalityでは説明がつかないのに何か意味がありそうに感じられる不思議な現象は、たいていこの範疇に属す。霊能や啓示も例外ではない。そこでは、心と身体（ないしは物質）の非因果的ながらも確乎たるつながりがあらわになる。ユング（Jung, 1952）はそれゆえ、共時的現象には心と身体（ないしは物質）をつなぐ類心的な領域が関与しているとした。

ユングは晩年、錬金術の研究に没頭した（Jung, 1942, 1944, 1946, 1948, 1954a, 1954b, 1955/1956）。というのも、彼が個性化individuationと呼ぶ人間の成長のプロセスの目的を象徴する体系として、すなわち意識と無意識の合一による全体性の実現を象徴する体系として、格好の研究対象だったからである。くわえて、錬金術研究は、類心的無意識の追究の土台たりうるものでもあった。錬金術では、心と身体（ないしは物質）が非因果的に結びつくのが常だったからである。

さらに、ユング派には、アクティヴ・イマジネーションactive imaginationと呼ばれる独自のイメージ技法がある（Hannah, 1981, Jung, 1916a, 1997, 2010, Johnson, 1986, 老松、二〇〇〇、二〇〇四a、二〇〇四b、二〇〇四c、二〇一六c、Spiegelman, 河合、一九九四）。ユングが声高に述べているわけではないけれども、それは、類心的領域に強力にアプローチするための奥義にほかならない。なにしろ、類心的無意識と密接なつながりのある錬金術の正体が、錬金術師によるアクティヴ・イマジネーションだったことをユングは指摘しているのだ（Jung, 1944, 1955/1956）。

したがって、ＰＴＳＤや発達障害における時間および空間の体験、共時性の原理、アクティヴ・イマジネーションの臨床などに関する知見を丁寧に縒り合わせていけば、心と身体のあいだに広がる、ほぼ人跡未踏の類心的領域を体系的に探求できるだろう。本書はそのような冒険の試みである。

本書の構成

以下に、本書の構成を記しておく。第一章では、ユング心理学の概説を行なう。目的はユング派の心身観を述べることにあるが、まずは、超個人的な無意識層である集合的無意識とその構成要素である元型archetypesを説明する。ついで、心の最深部で身体と境を接する類心的無意識のことにふれてから、この領域と密接な関係がある共時性の概念について述べる。最後に、心と身体のあいだにある不可視の身体、サトル・ボディsubtle body（微細身《みさいしん》、精妙体）にもふれる（Jung, 1996, 老松、二〇〇一）。

以降しばらくは、本書で「類心系」と総称する人たちの特徴的なあり方を紹介する。類心系は、発達系、トラウマ系、身体系などから成っており、まず第二章は発達系についてである。発達系とは、発達障害に典型的に見られるのと似た特性をもつ一群の人々を指す（老松、二〇一四）。ほとんどは健常者である。その特性は、てんかん者の精神病理学を援用すると理解しやすい。特異な宗教性と時空体験にはとくに注目である。神話的（元型的）モデルとしてスサノヲをあげておく。

第三章はトラウマ系について。トラウマ系とは、トラウマ反応に似た特性を生きる一群の人々で、健常からＰＴＳＤまで幅があり、ときには発達系に酷似したあり方を示す。ＰＴＳＤには、特異さの際立つ時空体験が見られる。ここでは、「時空の歪み」と呼んでおこう。霊能者はPTSDの軽快、治癒を経験した人であることが多いが、霊能を「時空の超越」と見なしてよいとすれば、PTSDにおける時空の歪みには、時空の超越へと至る癒しの契機が含まれているかもしれない。

第四章は身体系について。身体系とは、私が身体系個性化（老松、二〇一六a）と呼んでいるプロセスを生きる人々を指す。ユングの言う個性化においては心もしくは人格の全体性の実現が目的とされるが、じつは、心よりもむしろ身体の変容プロセスを軸として個性化を歩む人がいるのである。身体系には、発達系やトラウマ系との重なりがある。そして、やはり、「ゾーン」に代表される特異な時空感覚を経験する（老松、二〇一六a）。ここでは、身体系に親和性の高いオーセンティック・ムーヴメントauthentic movement（Whitehouse, 1979）という心理療法的営みからその時空感覚を考えてみたい。

類心系についての説明は以上で終わり、第五章では、心と身体のあいだを探求する「ユング派最強のツール」（Franz, 1981）、アクティヴ・イマジネーションを紹介する。意識（自我）と無意識が直接のやりとりをできる唯一の方法である（Hannah, 1981）。はじめに、ユング自身のトラウマ体験を母胎とする本技法の誕生の経緯と具体的な手順を説明し、要となる「折衝」Auseinandersetzungの意義（Hannah, 1981）について論じる。ついで、本技法を根底で支えている原理を述べる。すなわち、「自我のアクティヴな態度」（老松、二〇〇四a）および「全体の福祉」（老松、二〇一六c）である。

第六章では、アクティヴ・イマジネーションの応用編として「類心的イマジネーション」を提案する。本書の眼目である。これは心と身体のあいだを探求するイマジネーションの方法で、時空の様態への注目を特徴とする。従来、イメージ領域における特筆すべき時空体験として、初期夢の予感的機能、俯瞰的機能が知られていた（Jung, 1997）が、類心的イマジネーションはそうした機能を一気に拡張する。そして、類心系における時空の歪みが時空の超越へと変容するのを助ける。

第七章と第八章では、類心的イマジネーションの事例に沿って論を進める。具体的なマテリアルを見ていきながら、時空の歪みから時空の超越へ向かう変容プロセスとその要諦を論じる。それは、第六章で示すとおり、「時間の逆転」・「時間の凝縮」が「当たってから撃つ」・「履歴を読む」へ、また「空間の濃淡」・「空間の重なり」が「隅々まで有魂化する」・「彼方まで重ね見る」へ変容するプロセス、ということになる。

当初は、もっと早い段階で事例を提示することも考えていた。しかし、技法の手順や特徴などに関する長い説明を読みながらではなしに、ストレートにマテリアルに入り込んで類心的なリアリティを体験的にわかってもらうのが重要と判断した。説明の合間に短くマテリアルが入るより、マテリアルの合間に必要最小限の説明が挟まるかたちのほうが理解しやすいと思う。

最後の「おわりに」では、すぐれた類心的イマジネーションがもつ癒しの感染力を論じ、ついで本書全体のまとめを行なう。

目次

第一章　ユング心理学の心身観

心の三層構造と元型

　では、ユングによる深層心理学の概説からはじめよう。これが本書全体の土台となる。ユングの深層心理学は、正式には分析心理学という。ジークムント・フロイト Sigmund Freud（一八五六～一九三九年）による精神分析学とともに、深層心理学の二本柱となっている。深層心理学では、「無意識」なるものが存在するという仮定のもと、心のさまざまな様相の理解を試み、病理的な面に対しては心理療法を行なう。

　この仮定によれば、心は意識と無意識とから成っていることになる。私たちは意識のことはそれなりに知っている。しかし、無意識については無視していることが多い。つまり、心＝意識と考えている。無意識が「意識的でないもの」を意味する以上、仕方のないことだが、これはとんでもない誤解である。なんとなれば、夜、眠っている最中にも、心は活発に働いて夢を作り出しているのではないか。それが深い悩みを解消するヒントになることさえある。

夜だけではない。昼間もつねに無意識は活動している。考えごとをしながら歩いていて、気がついたらもう目的地まで来ていた、ということがときどき起きる。しかも、事故に遭うこともなく、無事に。街中で自動車を運転するなど、もっと複雑な行動をする際にも、同様の経験をした人は少なくないだろう。「無意識のうちに」行動しているわけである。

無意識の存在に気づいている人にも、なお誤解は多い。誤解は大きく分けて三つある。第一に、意識の領域に比べて無意識の領域はごく小さいと考えていること。第二に、無意識の内容は個人的な生活史と関係があると信じていること。そして第三に、無意識の内容は意識にとって不快で劣ったものばかりと思い込んでいることである。

ユングのなした最大の発見、それは集合的無意識と呼ばれる無意識層の存在だった（Jung, 1912/1952）。無意識には、個人の生い立ちや経験がもとになっている個人的無意識という層ももちろんある。しかし、その下に非個人的、超個人的な無意識層が横たわっていることをユングは見出した。集合的無意識は、なにしろ超個人的なので、個人的な層とは比較にならない広大な領域となっている。

集合的無意識は、文字どおり、集合的な特性を有する無意識である。「集合的」は「集団的」と言い換えることも可能で、人類という集団に属する者みなに共通、といったほどの意味になる。つまり、集合的無意識とは、時代や場所によって中身を変えることなく万人のなかに存在してきた無意識層を指す。誰もがもって生まれてくる無意識内容である。

集合的無意識の現れは、いろいろなところに見出される。わかりやすいのは、神話やおとぎ話である。それらは、意識から見ると不合理な筋書きを含んでいるにもかかわらず、無数の人々により時代を超えて伝えられてきた。不合理なのに今に残っているのは、そのモチーフがつねに人々の魂に深く訴えかけるものだからである。

神話やおとぎ話の集合性は、世界各地に非常によく似たモチーフの物語があることからもわかる。たとえば、英雄が怪物を倒し、生贄のお姫さまを救出して結ばれるモチーフは、ギリシア神話のペルセウスにも、わが国の神話のスサノヲにも見られる。こうしたモチーフの類似性は、伝播で説明できなくもないが、同時多発的、異時多発的に生まれたとも考えうる。あるモチーフが外来のものだったとしても、伝播した先で土着するには、類似のモチーフがもともとそこにも存在していることが必要と言われている（柳田、一九三三）。類似のモチーフを同時多発的ないし異時多発的に生み出す源こそ、万人が共通にもつ集合的無意識である。

集合的無意識の現れは、口承の物語のほかにも、やはり無数の人々によって伝えられてきた民俗儀礼や宗教儀礼に見出される。そればかりか、集合的無意識に由来するイメージは、現代を生きる私たちの夢や想像（イマジネーション）にも姿を見せている。たとえば、化け物を倒して女性を救おうとする夢を見たことのある男性は珍しくないだろう。

精神病患者の幻覚や妄想のなかにも、しばしば集合的無意識の内容が見つかる。集合的無意識は有史以前から存在しているだけに、未分化で太古的な心性があらわになる精神病患者においては見出しやすい。ユングが集合的無意識を発見したのも、病院勤務の若き精神科医だったときに、長期入院中の精神病患者から興味深い幻覚妄想を聞いたのがきっかけだった（Jung, 1912/1952）。

その患者は、窓際から太陽を眺めて、しきりに頭を振っていた。彼が言うには、太陽から管が垂れ下がっていて、そこから風が吹いてくるが、頭の向きを変えると管からの風の向きも変わるらしいのである。この病的体験は、そのときのユングには理解不能だった。ところが、後日、ユングは、新発見の古文書が出版されたのを読んでいて、くだんの患者の幻覚妄想とほぼ同じ文言があることに気づいたのである。

ユングは異時多発的に類似のイメージを生み出す源を集合的無意識と名づけた。こうして、心が意識、個人的無意識、集合的無意識の三層から成っていることが見出されたのである。個人的無意識は、個人のした経験のうち忘れられてしまったこと、もともと印象の薄かったこと、不都合があって抑圧（意識から排除）されたことなどを内容としている。一方、集合的無意識の内容となっているものは元型と呼ばれる。

コンプレックスと補償

集合的無意識を構成している元型には、たくさんの種類がある。それらのうち、主要なものには名前がついている。たとえば、グレート・マザー、シャドウ、英雄、アニマ、アニムス、老賢者、プエル・エテルヌス、トリックスター、セルフ、等々。ほかにも、名もなき元型や未知の元型が多数ある。

元型は、太古の昔から変わらない、人間の心の動きの範型《パターン》の数々である。一定の外的もしくは内的な条件が揃うと、なにがしかの元型が活性化される。これは、その状況や環境において喚起される心の本能的な動きとでも言うべきもので、自我は、活性化された元型に駆り立てられるようにして生きる方向性を選び取っていく。元型はよるべなき自我に生の根拠や確信を与える。

なお、自我とは、意識の機能的中心をいう。ちなみに、集合的無意識の機能的中心はセルフと呼ばれる元型である。集合的無意識の巨大さに比べれば、意識や個人的無意識はちっぽけなので、セルフを心全体の中心と考えても差し支えない。セルフは中心にある司令塔のようなものので、他の諸元型の動きをゆるやかにコントロールしている。セルフは自我の及びもつかない力をもっているわけで、それゆえ、そうした力は、神、仏、悪魔といった超越的存在に投影されて経験されることが多い。

注意すべきは、元型が、見えない結晶軸のようなものだという点である。元型にさまざまな要素がくっついてはじめて、経験可能な一つのイメージとしてかたちを成す。つまり、結晶化する。私たちは、神話や夢のなかに結晶としての元型的イメージを見る。しかし、結晶軸である元型そのものを見ることはない。ならば、結晶軸にくっつく「さまざまな要素」とは何なのだろうか。

そうした要素には、集合的無意識に由来するものもあれば、個人的無意識や意識に由来するものもある。つまり、集合的無意識という深層からある元型が意識へと浮かび上がるときに、通り道にあったあれこれがくっついてくる、と考えたらよい。その元型にもともと縁の深い集合的無意識由来の要素（神話的要素）だけしかくっついていない場合は、まさに当該元型の「元型的イメージ」となる。しかし、そうなるのはむしろ稀で、ふつうは、個人的無意識や意識に由来するたくさんの諸要素も綯《な》い交ぜになってくっついている。このかたまりをコンプレックス complex（心的複合体）と呼ぶ（Jung, 1906）。

コンプレックスは、ある元型的な核ないしは背景のまわりに、何らかの共通の感情的色彩を帯びた多様な表象や心像が集まってできている（Jung, 1906）。たとえば、母親に対する好感や信頼感で色づけられた個人的な表象や心像が母親元型（グレート・マザー）という結晶軸に寄り集まったものは、陽性母親コンプレックスという。そこでは、母なる自然に対する憧れ、幼児期の幸せな母親体験、母親のおもしろい癖、母親とのよき思い出、たまたま言葉を交わした田舎の素朴なおばあさんの姿などが一つのかたまりを成している。要するに、心の諸要素は、あちこちで仲よし同士がひとかたまりで動くグループを作っているのである。

わかりにくければ、金平糖を思い浮かべてみてもよい。金平糖のもとは極微の小さなザラメや米粒、あるいは芥子粒などである。それを核として、まわりに糖蜜がくっついてできている。糖蜜は、熱したものを少量かけて、掻き混ぜながら冷やす。これを何回も繰り返し、ごく薄い層をいくつもいくつも重ねて大きくするのである。コンプレックスは、譬《たと》えて言えば、そのような感じでできてくる。そして、各コンプレックスは、色とりどりの金平糖と同様、それぞれに異なる感情的色彩を帯びている。

コンプレックスは誰の心のなかにもたくさんあって、多様な心の活動を司っている。しかも、自律性を有する点が最大の特徴である（Jung, 1906）。ここが金平糖と大きくちがう。つまり、コンプレックスは、自我の思惑とは無関係に、みずからの意志で蠢《うごめ》く。たとえば劣等コンプレックスは、劣等感で色づけられた諸表象の集まりで、俗に「コンプレックス」と呼ばれているものだが、その勝手きわまりない活動は誰もの知るところである。また、いわゆるマザコンは、極端な陽性母親コンプレックスの自律的活動の結果と考えられる。

心的な諸要素（イメージや表象）には、それぞれに小さなエネルギーが備わっている。コンプレックスはそのような小さな心的エネルギーの集まりであり、ある程度の規模になると、それぞれが意識という光を放つようになる。宇宙空間で塵が集まって凝縮すると、輝く星になるのに似ている。このとき、集まっている心的要素が多ければ多いほど、明るい意識をもつ道理である。ちなみに、自我も一つのコンプレックスで、寄り集まっている諸要素の数が全コンプレックスのなかで最も多い。

最大のコンプレックスである自我は、いちばん明るい中心的な意識をもっている。自我意識である。それゆえ、私たちが通常「意識」と呼んでいるものと自我は一致する。自我は、そのシャープな意識の光により、ものごとのもつ両面のうちの翳《かげ》った劣等な半面を無意識のなかへと切り捨て、揺るぎない判断力や認識力を見せつける。一方、切り捨てられたものは、無意識内でいずれかのコンプレックスの一部となって、再び意識化されるチャンスを窺う。

それゆえ、コンプレックスの放つ暗い微光は、目を向けられさえすれば、自我ないし自我意識がその切れ味と引き換えに背負った「ものの見方の偏り」を帳消しにすることができる。無意識のこの働きを補償と呼ぶ。コンプレックスが、たとえば夢のなかに他人や動物の姿をとって現れ、自我（夢のなかの「私」）と対立しながら、欠けている見方を補う。ときに、何らかの事情で、あるコンプレックスが自我より大きくなると、一時的に自我になりかわって意識の中心を奪うことさえある。交代人格である。ジキル博士の自我が意識の中心の座を追われ、ハイド氏という交代人格が前景に立つ――コンプレックスによる現象の一端を鮮やかに描き出したあの物語を知らない人はいないだろう。

類心的無意識の領域

無意識にとって、意識とは何だろうか。生物の系統発生のなかで動物の無意識から人間の意識が芽生えてきたように、個体発生においても新生児の無意識から徐々に自我意識が形成されてくる。生物学者エルンスト・ヘッケルの言葉、「個体発生は系統発生を繰り返す」は、心の発生についても当てはまる。系統発生においても、個体発生においても、意識とは、外界の現実に適切かつ有効に対処できるよう無意識が生み出したエージェントにほかならない。

しかし、そのエージェントが、無意識から与えられた本来の任務と権限を逸脱し、また無意識の存在すら忘れてわがもの顔にふるまいはじめると、さまざまな心の問題が発生するようになる。広範に見られる神経症的問題はその現れである。神経症的問題は、すでに述べた無意識による補償作用の一形態と見なしうる。問題の発生を機に、意識の側がおのれの偏りに気づき、バランスを取り戻さないといけない。そうした問題の発生は、意識の目指す方向性と無意識の目指す方向性とを一致させて、意識と無意識の対立を解消せよ、というメッセージである。

心は、意識と無意識とに分かれていても、一つの全体としてまとまっていなくてはならない。生まれて間もない幼い心では意識と無意識が混沌として混じり合っているが、その後、成長とともに分化して、意識ないし自我が無意識から独立する。自我の確立は重要である。ただし、それでめでたしめでたしではない。次には、いったん分化した意識と無意識との再合一が求められる。

始原にあったのが自我確立以前のプレパーソナルな低次の全体性だとすれば、目指されるべきは自我確立以後のトランスパーソナルな高次の全体性である。途中の分化した段階、つまり自我の確立したパーソナルな段階であらわになる意識の偏り、そしてそれにもとづく神経症的問題は、高次の全体性が成就されたあかつきには消失する。それどころか、そのとき、ほんとうの生の深みが体現されることになる。というのも、意識と無意識が一つになることは、その人の本来的な個(＝一つの全体)としてのあり方が発現するのと同義だからである。

この個性化と呼ばれる心の成長のプロセスは、偏りのある自我がいったん獲得した(と勘ちがいしている)玉座から降りて、その本来の主《ぬし》である心の絶対的中心、すなわちセルフへと譲位する作業を含む。そのような意味で自我は相対化されなければならない。個性化とは、自我が、かつてみずからをエージェントとして生み出したセルフとの関係を修復する試み、自我－セルフ軸の確立を目指す試みであるとも言える。玉座を手放した自我は喪失感を味わうかもしれないが、かえって円熟するだろう。個性化は、各人のなかで生涯続くプロセスであり、人生の紆余曲折の物語そのものである。心理療法や分析では、そのごく一部を扱うにすぎない。

ところが、ここに一つ、置き去りにされているものがある。身体である。身体と心は切り離すことができない。身体表現性障害(身体症状症)や心身症などをはじめとして、両者の密接な関係を示す事象はたくさんある。身体表現性障害（身体症状症）というのは、心の問題が身体症状として現れる神経症圏の疾患と考えてよい。一方、心身症は、身体症状を扱っていくうえで心のことを考慮すべき疾患の総称である。

心と身体の関係について、ユングは、類心的無意識なる注目すべき概念を提唱している（Jung, 1954d）。心のなかを意識から個人的無意識へ、さらには集合的無意識へと下降していくと、ついには心理的とも生理的ともつかない層に到達する。類心的無意識である。非常に興味深い概念だが、ユングの類心的無意識に関する示唆は限定的で、あまり体系立っていない。いわば未完の概念である。本書は、そこに焦点を定めたい。

心と身体を架橋するこの類心的なものをめぐって、ユングは、元型の特異な性質に言及している。「類心的な元型」（Jung, 1952）というパースペクティヴがそれである。ユングによれば、どの元型にも両極性があって、光のスペクトルで言えば紫外線領域と赤外線領域にそれぞれ相当する対立し合う二つの特性を一つにまとめている。紫外線領域にあたるのは霊的ないしはイメージ的な極、赤外線領域にあたるのは本能的ないしは生理的な極である。

母親元型を例としてあげれば、一方の極は、神の息子を生んだ聖母マリア、神生みや国生みを続けたのちに毎日一〇〇〇人の人草《ひとくさ》（人間）を殺すと宣言したイザナミ、髑髏《どくろ》を連ねた首飾りをつけて人間を喰らうカーリー、といった母なるものの神話的イメージを産生する。そして、他方の極は、子どもを生み育てるとともに囲い込み呑み込もうともする、現実のなかでの母性的な本能や行動を引き起こす。母親元型には、どちらの極からでもアプローチすることができる。

言い換えれば、この水準における心は、器質性の備わったものと土台を共有している。そこでは、心の世界と身体の世界が「類心的な元型」によって架橋され、一枚の硬貨の表と裏のように境を接しているのだ。したがって、何らかの元型がひとたび活性化されれば、情動を介して、心の領域には元型的イメージが現れて自我を圧倒し、身体の領域には本能的な行動や太古的な反応が現れる。

心と身体のあいだを架橋する類心的無意識と元型だが、注意を要するのは、元型が本質的に超個人的なものである点である。それゆえ、活性化された元型は、その人の心と身体ばかりではなく、個人の境界を超えて、周囲や環境そのものを巻き込むことがある。影響が、他人の心や身体に、ときには物質にまで及ぶのだ。これが次節でふれる共時性という原理の基盤となる。

心身の共時的関係性

ユングが「類心的な元型」に言及しているのは、おもに共時性をめぐる文脈においてである(Jung, 1952)。共時性(共時律)とは、因果性(因果律)と対になる諸事象間の連関の原理、つまり非因果的な連関の原理を指す。わかりやすく言えば、「意味深い偶然の一致」という現象を成立せしめる原理である（Jung, 1952, 老松、二〇一六b）。

ユング（Jung, 1952）があげている共時的現象の例は次のようなものである。ユングのアナリザンド（分析を受けている人）は非常に合理的な女性だった。ある日の分析（面接）のセッションで、少し前に見た夢をユングに報告していた。夢のなかの彼女は、ある重要な局面で黄金のスカラベを与えられたのだという。スカラベ、つまりフンコロガシは、古代エジプトでは、天空で太陽を転がして運行させているとして神聖視された甲虫である。

ちょうどそのとき、部屋の窓をコツコツ叩く音がした。見ると、空を飛ぶ小さな虫がくりかえし窓をノックしている。ユングが窓を開けると、一匹の甲虫（ハナムグリの仲間）が飛び込んできた。それはその地域にいるコガネムシのなかで最もスカラベに近い種類のものだった。興味深いのは、通常の習性と異なり、暗い室内に入りたがっていた点である。この不合理な意味深い偶然の一致がアナリザンドの頑なな知性的態度を一変させた。

因果的な関係性が認められない場合、私たちはそれをただの偶然として片付けがちである。しかし、連関とは、はたして因果的なそれだけなのだろうか。私たちは、偶然のなかに何からの意味を感じることがたしかにある。それが「ただの」になってしまうのは、私たちが因果性ばかりにどっぷり浸かりすぎているからかもしれない。

共時性は因果性と並び立つ原理でありうる。しかし、因果性になじみのある立場からすれば魔術的にしか見えないだろう。偶然なのに偶然でない連関など、いかにして成り立つのか。残念ながら、共時性というのは原理なので、それ以上、説明することができない。けれども、その点は、くだんの因果性も同じである。因果性を成り立たせている説明原理は存在しない。

ユングは、まさにここにおいて、「類心的な元型」による布置という仮説を主張する（Jung, 1952）。たしかに、共時的現象を体験するときには、超個人的な力をもつ何らかの元型が活性化されていると感じることが多い。元型が活性化されている状況では共時的現象が生じやすいのだ。ユングだけではない。元型の活動に敏感な私たちユング派分析家は、臨床的な経験からこのことを熟知している。

元型に霊的な極と本能的な極があって、それぞれ心的局面および身体的局面に関係が深いことを考えると、活性化されたある元型がその類心的な特性を通して、一方では心に、他方では身体ないし物質に、類似の意味合いをもつ事象をほぼ同時に生じさせる、というのは納得できる仮説である。原理をそのまま説明することはできないにしても、これなら直観的に理解しうる。

ちなみに、共時的現象が周辺に生じやすい人というのがいる。発達系と呼ばれる一群、トラウマ系と呼ばれる一群がその代表と言えるだろう（Cambray, 2009, 老松、二〇一六b）。明確な理由は説明しにくいが、鍵となるのはやはり、「類心的な元型」というユングのパースペクティヴである。つまり、発達系やトラウマ系は、つねに心と身体のあいだを生きているため、「類心的な元型」がもともと活性化されており、共時的現象がいつ起きてもおかしくない準備状態にあると言えるのではなかろうか。

ところで、共時的現象にはさまざまなパターンがある。典型的なのは、心における事象と物質における事象とが意味深い一致を見せるというパターン。ほかに、心的事象と別の心的事象との組合せ、物質的事象と別の物質的事象の組合せも見られる。本書の関心は、心的事象と物質的事象の符合にある。このパターンの共時性においては、心と身体のあいだの様相が物質的事象に映し出されている。

心と身体のあいだにそもそも共時的な関係性がある、という考え方もある。これは、ユングの高弟、カール・マイアー Carl Meier の慧眼が捉えた秀逸な心身相関論である。マイアー(Meier, 1986)は、W・フォン・ヴォルフの以下の言を引用して、心因によるつながりを否定する。「脅威的な状況によって喚起される情動は身体的変化の原因なのではない。両者は同時に起こり、互いに同一の何かに属している。しかし、その〝どのようにして〟は未解決のままとどまる」。心因はフロイト以来の仮説的概念で、実像は捉えられない。マイアー(Meier, 1986)は「心身機能を因果的に説明することは失敗したのだから、これを共時的に解釈すべきである」と示唆し、ユングもこの説を受け入れた。たしかに、心身症においては、身体から心に影響が及ぶこともあれば、心から身体に影響が及ぶこともある。しかし、因果の方向性がはっきりしないこともある。

この問題は、スーザン・バッハ Susan Bach の一連の研究をつぶさに眺めるとき、いっそう現

図2　ジョヴァンニ・セガンティーニ、『死』
画家はおもしろい雲を見てこの絵を描いた。霊を意味するクラウド・バードは左向きで、キャンバスの左端を越えている。空間象徴上、左方は冥界である。右下の黒衣の人々は空っぽのソリを用意して待っている。数日後、画家は41歳で急逝した。Bach, S., 1990から。

実味を帯びてくる。バッハ（Bach, 1990）は、重篤な病気で死に瀕している子どもやおとなが描いた自発画のなかに、彼ら自身の知らない余命が正確かつ非情に表現されていることを、おびただしい実例をもって示した。あたかも、心と身体に対してどこかから同時に告知がなされているかのようである（図2参照）。

心と身体を熟知しており、心には創作活動を通して、また身体には症状を通して姿を見せる、この告知の主体を、バッハ（Bach, 1990）は「それ」と呼んでいる。心と身体のあいだにあって、両者をつなぐとともに、双方に共時的な事象を生じさせるものがあるというわけである。ここでは、心と身体を一本の幹から伸び出ている二本の大枝と見なせば、少し理解しやすい。幹に何か異変が発生すると、二本の大枝、つまり心と身体に共時的な現象が現れる。

粗大身《グロス・ボディ》と微細身《サトル・ボディ》

以上がユング心理学における心身観の主たる部分だが、類心的な領域にまつわる概念として微細身《みさいしん》も重要なので、本章の最後にふれておく。微細身あるいは精妙体というのは、サンスクリットのsūkṣma śarīraの訳語（Jung, 1996, 老松、二〇〇一）で、英語ならsubtle body（サトル・ボディ）となる。breath body（ブレス・ボディ）と呼んで、気息体と訳すこともある。少し乱暴だが一言で言うなら、微細身とは、目に見えない身体、イメージでできている身体を指す。

これに対して、肉体は粗大身ということになる。こちらは、やはりサンスクリットのsthūla śarīra、英語でいうgross body（グロス・ボディ）の訳語である（Jung, 1996, 老松、二〇〇一）。可視的な身体であることは言を俟たない。微細身はこの可視的な粗大身にぴったり重なって存在している。そこに人がいても粗大身しか見えないが、じつは見えない微細身も幽体としてそこに存在しているのだ。微細身がイメージと密接な関係を有しているところや、イメージ的な身体（≒微細身）と物質的な身体（≒粗大身）が重なっているところに、類心的な領域について考えるためのヒントがある。

微細身はイメージでできていると述べた。しかし、厳密に言えば、粗大身が物質的で、微細身が非物質的というわけではない。前者が物質的であることはまちがいないが、じつは後者もまた、質的にいっそう精妙で微細になっているとはいえ、いまだある種の物質性を残している。ただ、「物質性を残している」とは言っても、それはもはやかたちある物質ではなく、私たちの感覚からすれば、「イメージでできている身体」とするのはおおむね妥当だろう。

微細身は不可視だが、古代のインドや中国では精緻に研究された。そして、無数の人々がその構造の普遍性を認めてきた。つまり、本気で探求してみると、一定の構造があることがわかるのである。たとえばインドのクンダリニー・ヨーガでは、微細身がプラーナ（生命エネルギー）の流れるナーディ（脈管）と数々のチャクラ（エネルギー中枢）から成っていることがくりかえし確かめられている。中国の仙道においても、微細身が気の流れる経絡と精宮という諸中枢から成っていることが検証され続けた。

チャクラや精宮は、粗大身（肉体）の構造を基準として言うなら、脊椎に沿って骨盤底から順に積み重なるように並んでいる。それらは下方から上方に向かって、土の属性、水の属性、火の属性、風（空気）の属性、空の属性、心（識）の属性、解脱の属性を備えた七大中枢になっており、上に行くほど物質性を減じて、微細な特質へと変化する。最低位のチャクラで眠っているクンダリニーという蛇が行によって目覚めると、脊髄に沿って這いのぼり、チャクラを下から順に開いていく（図3）。

ユング（Jung, 1996, 1997）はこれら諸チャクラを、人類の意識の発達の歴史を示していると見る。その局在のかつての痕跡と将来の予感に照応しているというのである。すなわち、人類の心は、生殖をめぐって活動する意識、食をめぐって活動する意識、情動をめぐって活動する意識を担う集合的な低位諸チャクラ（第一〜第三チャクラ）から、個の出現をめぐって活動する意識、そのさらなる発展をめぐって活動する意識を担う中位諸チャクラ（第四〜第五チャクラ）へと、めまぐるしく遷移を繰り返しながら成長してきた。

　つまり、人類の心はいつでも、いずれかのチャクラの特性に依拠してきたのであって、そこからいっそう個が現出する方向に上昇したり、反対に個としてのあり方を忘れてしまう方向に下降したりしながら、全体としては少しずつ個の確立へと進んでいる。ユングによれば、人類の心の現時点での平均的なあり方は、おおむね第三チャクラから第四チャクラへの移行段階にある（Jung, 1997）。

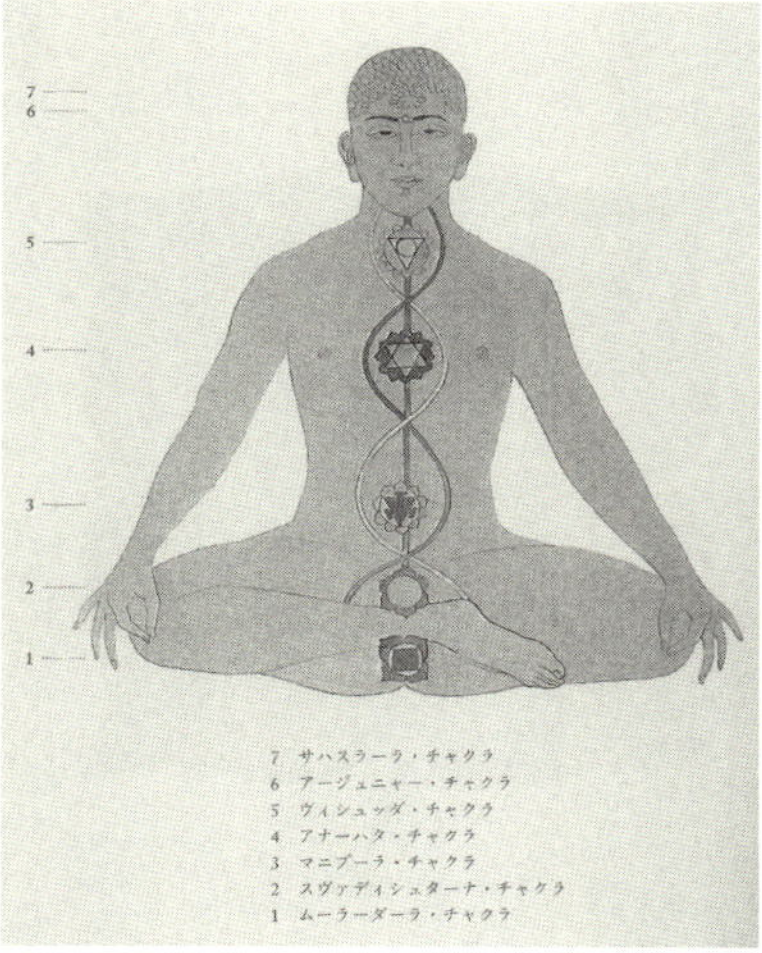

図3　七つのチャクラとスシュムナー
ムーラーダーラでクンダリニーが覚醒すると、スシュムナーという通路を這いのぼりながら次々とチャクラを開き、最後はサハスラーラでシヴァ神と結合する。そのとき行者は解脱する。Woodroffe, J., 1919（一部改変）および老松、2016aから。

　前にもあげた「個体発生は系統発生を繰り返す」という言葉は、ここでも妥当である。

いま述べた人類の意識の発展プロセスは、個人の意識の成長においても同様に見られる。分析や心理療法のなかでは、それゆえ、内的経験の進度をチャクラの諸段階になぞらえて位置づけることがある。心理学的には、個の成長が重視されるので、第五チャクラあたりまでの意義が大きい（Jung, 1996, 1997）。しかし、宗教的な観点から言えば、さらにその先も重要であり、いったん確立された個が再び消え去った状態で超越に向かう意識を担う高位諸チャクラ（第六〜第七チャクラ）へと続いていく。

ユングは次のような風変わりな事例を紹介している（Jung, 1996）。アナリザンドは環境への不適応が主訴で、神経症的になっていた。彼女ははじめ、性器から白い象が出てくる夢を見て、象牙にそれを彫りはじめた。まもなく、子宮に難治性の潰瘍が発生。五か月ほどすると、激しい多尿や下痢、小川の流れの音ほど響く腹鳴を呈した。同時に、結婚して子どもを生まないといけないという強迫観念が生じ（恋人はいたが、彼女には結婚する気がなかった）、一年ほど苛まれ続けることになる。そのようなある日、頭頂部が開く感じがしたかと思うと、鳥のようなものが上方から降りてきて、頭蓋から彼女のなかに入り込み、下方から上がってきた何かと出会ったのがわかった。以後、諸々の症状はすっかり消失したという。

骨盤底にある第一チャクラ、ムーラーダーラには莫大なリビドー（心的エネルギー）が秘められており、しばしば強大な白象で象徴される（図4）。膀胱あたりにある第二チャクラ、スヴァディシュターナは水の属性をもつ。第三チャクラ、マニプーラは胃の裏の太陽神経叢と関係があり、燃えさかる火として強い情動を引き起こす。ユングのアナリザンドがこれらのチャクラの影響を順に受けていることがわかると思う。そのようにして上昇しつつあったクンダリニーは、頭頂部のサハスラーラ・チャクラで天なるシヴァ神と結合したようである。これで根本的な変容が生じた。微細身の不思議である。

この女性は、ヨーロッパ人の両親から生まれたが、六歳までインドで過ごした人で、いわゆる帰国子女としてのヨーロッパ不適応が主訴だった。クンダリニー・ヨーガのことなどまったく知らなかったが、こういうプロセスを経験したのである。ユングは、このときには、微細身の象徴を彼女に対するインド文化の影響として理解したのだが、その後の臨床のなかで、それが普遍性をもっていることを知った。インドと何ら関係がない人の個性化のプロセスにおいても微細身の象徴が重要な役割をはたすことを見出したのである。

ユングはまた、微細身ないし精妙体を扱う体系として、クンダリニー・ヨーガのほかに錬金術にも注目していた。

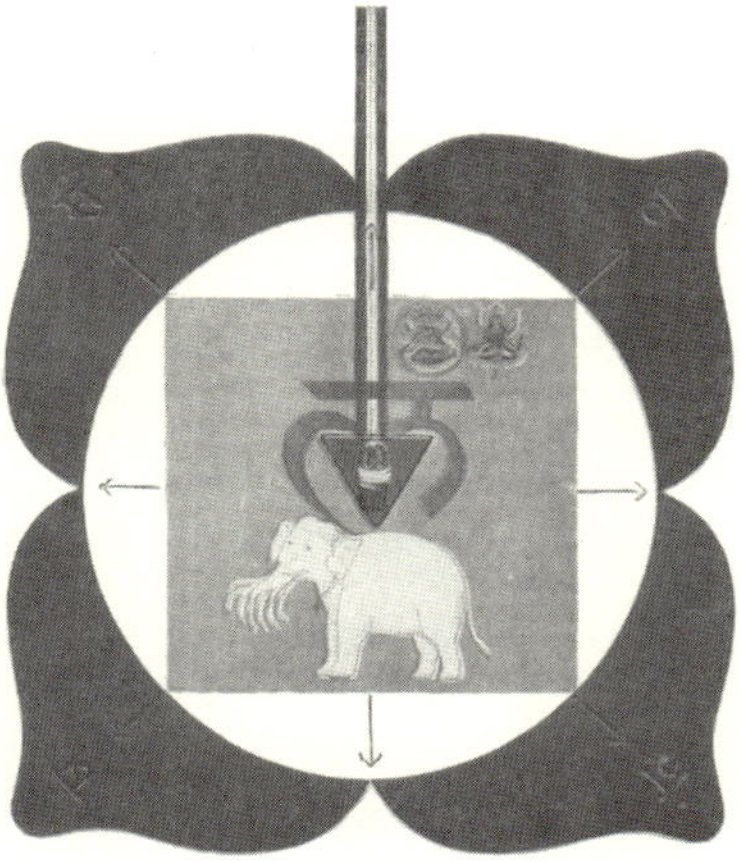

図4　ムーラーダーラ・チャクラ
骨盤底にある最初のチャクラ。白象の背の上の逆三角形のなかに、シヴァ神のリンガ（男根）に3周半巻きついて眠っている蛇、クンダリニーが見える。Woodroffe, J., 1919から。

晩年をほとんど錬金術文献の研究に費やしたほどである（Jung, 1942, 1944, 1946, 1948, 1954a, 1954b, 1955/1956）。錬金術では黄金、もしくはその前段階である「哲学者の石」の生成を目指す。ただし、黄金といっても、物質としての卑俗な黄金ではない。私たちの生にとって最高の価値を有する内なる黄金、すなわち「われらが黄金」の獲得を目指すのである。

これは個性化のプロセスの目標と一致する。錬金術とは、錬金術師の心理学的な変容プロセスを、物質の化学的な変容プロセスに投影したものにほかならない（Jung, 1944, 1955/1956）。このことはユングの重要な発見だった。それゆえ、錬金術において生じるプロセスは、両性具有者の誕生、王と女王の聖婚といった擬人的な象徴で説明されることも多い。「われらが黄金」や「哲学者の石」は、復活したイエス・キリストの精妙なる身体、すなわち「栄光の身体」とも同一視された。

そこには、イメージでできている身体が垣間見える。実際、錬金術を瞑想と言いきる錬金術師も少なくなかった。錬金術のなかでも、もっぱらイメージを用いたそれを内向的錬金術と呼ぶ（Franz, 1979）が、錬金術書を見ると、その内実が身体（ないし物質）と心のあいだで繰り広げられる象徴的ドラマの体験だったことがよくわかる。そこは、中間的な第三の領域である。

錬金術といえば、古代エジプトや中世ヨーロッパにおけるそれの印象が強く、実際の物質を使う外向的錬金術を思い浮かべる人が多いだろうか。そうなると、古代インドのクンダリニー・ヨーガや中国の仙道における微細身の観点とは異なるように感じられるかもしれない。しかし、いま述べた、中間的な第三の領域への注目という点から見ると、錬金術はやはり微細身ないしは精妙体を扱う技術だった。

インドや中国にも錬金術は存在していた。けれども、黄金（粗大なものであれ微細なものであれ）の獲得より、生死の超越という目的に高い価値が置かれた。それゆえ、中国の錬金術（煉丹術）においては、「金剛の身体」（金剛身）の獲得が目指された（Jung, 1929）。これは「栄光の身体」の観念に近い。また、錬金術師がホムンクルス（小さな人造人間）の製造を目指したのと同様に、煉丹術の瞑想でも、竅《きょう》と呼ばれる体内の不可視の袋のなかで霊的な子どもを育てようとした（Jung, 1929）。微細身は、洋の東西を問わず、心と身体のあいだにある。

第二章　発達系と心身

発達系と人格系

本章以降、しばらく、ユングが充分には論じなかった心身関連の臨床領域をめぐって考えてみたい。私自身はその領域におおいに関心を寄せてきた。愚にもつかない粗削りな論考だが、「心と身体のあいだ」を見ていくのに多少なりとも役立ちそうな切り口をいくつか提案しよう。第一に、本章で扱う、発達系および人格系というあり方。第二に、第三章で扱う、トラウマ系の時空体験。第三に、第四章で扱う、身体系個性化なる概念である。

本書では、発達系、トラウマ系、身体系（身体系個性化を生きている人）を合わせた一群の人々を類心系と呼ぼうと思う。今はまだ詳しくは説明しないが、ざっくり言ってしまえば、類心系とは、類心的な次元、すなわち心とも身体ともつかないような深い生の次元が表層に現れてきやすい人たちのことである。その実像については、おいおい説明していく。

では、発達系および人格系というあり方（老松、二〇一四）からはじめよう。私はおよそ三五年にわたって心の臨床の現場に身を置いてきたが、しばしば遭遇する悩ましい問題がある。世の中には、一方に発達障害に近い特性をもつ人がたくさんおり、他方にある種の人格障害（昨今はパーソナリティ障害と呼ぶことが多い）に近い特性をもつ人が多数いるが、両者はあまり理解し合えないということである。これは対人関係上のトラブルの主要な原因の一つとなっている。

ただし、「近い特性をもつ」と一口に言っても、人それぞれ、障害への近さ／遠さの程度はさまざまである。しかも、両方の特性を併せもつ人が少なくない。つまりは、誰もが発達（障害）的な特性と人格（障害）的な特性のハイブリッドなのであり、人によってその比率が異なっているものと考えられる。一方の特性が顕著であれば発達障害、人格障害と呼ばれることになるが、どちらの特性も、極端でないなら創造的かつ適応的でありうるだろう。

どちらか一方の特性のみで混じり気がないというあり方は、観念上でしか存在しない。世を生きている発達障害の人が、発達（障害）的な特性のみでできているのを、私は見たことがない。人格障害の人についても同様である。どれほど極端に見えても、現実においては、一方の特性そのものと一致するところまでは行かない。ならば、これら二特性のうち、発達（障害）的なそれのほうが相対的に強い人を発達系と呼び、人格（障害）的なそれのほうが相対的に強い人を人格系と呼んでみよう、というわけである。

発達系の特徴については、長くなるので次節で述べることにして、先に人格系の特徴を説明しておこう。「人格（障害）的な特性」と何度も言ってきたが、人格障害にもさまざまな種類があるのは周知のことと思う。たとえば、境界性人格障害、妄想性人格障害、演技性人格障害、反社会性人格障害、自己愛性人格障害、等々である。これらに共通の「人格（障害）的な特性」とはいかなるものだろうか。

私は自己愛性人格障害に注目したい。というのも、自己愛性人格障害は、原因としてであれ結果としてであれ、他のすべての人格障害に多少とも重なって見られるからである。自己愛性人格障害がすべての人格障害の基礎的部分を成していると言ってもよい。したがって、「人格（障害）的な特性」は、より正確には、「自己愛性人格（障害）的な特性」ということになる。

自己愛性人格障害は自己愛の傷つきによって生じる。「自己愛」にもいろいろな定義があるが、ここでは、自分をおのずからたいせつに思える気持ち、自分はこれでよいのだと思える気持ち、としておこう。誰もがもっているはずの健康な気持ちであることは言うまでもない。この健康な自己愛が損なわれると、さまざまな困った問題が発生してくる。自己愛が損なわれる最大の原因は、広い意味での見捨てられである（Asper, 1987）。

物理的にであれ、情緒的にであれ、見捨てられを慢性的に経験すると、人は他者や世界を信頼できなくなり、ひどく怯えながら、生き延びる術《すべ》を探すようになる。よく用いられる策は、引っ込み思案になる、過剰適応する、などである。周囲からの批判や否定的評価を恐れるあまり、自分の本心を犠牲にして、よい子を演じてしまう。それゆえ、抑うつ的になるのがふつうである。

自己愛の障害の現れは、過敏型（抑うつ型）と鈍感型（誇大型）に大別される（Gabbard, 1990）。いま説明してきたのは前者に相当する。なかには、後者のような、いわゆるナルシシストになる者もいるが、周囲からの評価を非常に気にする点は共通である。ただし、じつを言うと、抑うつ型にも誇大型にも揺れが見られる。つまり、抑うつ型はときに誇大になり、誇大型もときに抑うつ的になるのである。

健常者でも、胸に手を当てて静かに振り返ってみれば、自分が自己愛の傷つきとその現れを生きてきたこと、そして今も生きていることがきっとわかるはずである。見捨てられを怖れて「出る杭は打たれる」と言い慣わしてきた過剰適応気味の日本人なら、とりわけそうだろう。そもそも、健康な自己愛、つまり自分はこれでよいのだという気持ちは、ちょっとした悩みを抱えるだけでも損なわれる。それゆえ、誰であれ、人格系と見なしうる要素は持ち合わせている（老松、一九九九）。

発達系を知るヒント

つぎは、発達系の特徴についてである。「発達（障害）的な特性」もまた、程度の差はあれ、万人が有している。この特性はさまざまな角度から説明できるが、最もわかりやすいのは、私たちのなかの子どもの部分ということだろうか。人はみな、子どもだったことがある。性格のコアに今もなお息づいている純朴で無垢な子どものままの部分こそ、誰もがもっている「発達（障害）的な特性」の一面にほかならない。

この点については、あとでもう一度ふれることにして、別の角度からの説明もしておこう。私はユング派の分析家だが、もともと精神科医なので、てんかんの人と会う機会も多かった。近年では、脳神経内科や脳神経外科でてんかんの診療を行なうのが一般的になってきたが、かつては精神科が主たる治療の場だった。だから、しょっちゅう顔を合わせていた。

今さらながら思うのは、てんかんの人のあり方が発達障害の人のそれに酷似しているということである。精神科がてんかん診療の中心だった頃も、その核となっていたのは薬物療法だったが、そこはやはり、ほかならぬ精神科。伝統ある精神病理学の方法論にもとづき、透徹した目でてんかんのあり方を理解しようとしている医師もいた。てんかんは、薬物で発作さえコントロールしていればよいというものではないからである。

世間ではしばしば誤解されているが、てんかんの症状は痙攣発作ばかりではない。脳や神経が関与している身体的事象であれば、一瞬の意識喪失であろうが、腹痛であろうが、嘔気であろうが、皮膚の異常感覚であろうが、何でも発作として起こりうる。そして、精神症状の面でも、幻覚妄想状態、夢幻様状態、朦朧状態など、多彩な病像を呈す。発作と精神症状は、同時に増悪、消退することもあれば、シーソーのように交互に前景に立つこともある。

ことほどさように、てんかんは、一筋縄では行かない、きわめて複雑な疾患である。かつて真性てんかんが三大精神病の一角を占めていたのも故なしとしない。もっとも、ここでは、てんかんの複雑さを述べたいわけではない。繰り返しになるが、注目したいのは、てんかんの人と発達障害の人のあり方がきわめて近いという経験的事実である。

てんかんは、脳の極度の電気的興奮による発作があることが診断の必須条件だが、その条件をいったん横に置き、発作のない（あるいは、発作の抑制されている）てんかんの人の臨床像を思い浮かべてみると、発達障害の人のそれと容易に区別がつかない。くわえて、てんかんと発達障害の合併は珍しくない。発作がある人で、発達の遅れも顕著な場合、あるいは発達面の精査をした場合には、両方の診断がつくことが多くなる。

以上のことから、かつてさかんに研究されたてんかんの精神病理学を援用すれば、発達障害や発達系のあり方に対する理解がぐんと深まると期待される（老松、二〇一四）。じつは、本節の冒頭に述べたこと、つまりあらゆる性格の原基、すべての性格のコア（中心）にある子どもの的な部分が「発達（障害）的な特性」であることも、てんかんの精神病理学の知見に拠ったものである。これを安永浩は中心気質と呼ぶ（安永、一九八〇）。ここで、気質とは、個人の性格を形成するもとになる先天的な要素をいう。

中心気質の典型的な現れについては、のびのびと育った五~八歳くらいの天真爛漫な子どもの姿を思い描いてみればよいとされている（安永、一九八〇）。そういう子どもは、今現在のことだけに熱中しており、過去の失敗をくよくよ思い悩んだりはしない。また、将来どんなたいへんな状況になるだろうか、いかなる窮地に立たされるだろうか、などと思い煩ったりもしない。感情は単純にして明瞭である。

とにかく好奇心旺盛で、熱しやすく冷めやすい。目の前のことに全力投球。つねに、動くために動いている。エネルギーを使うのを節約しようなどという考えは毛頭なく、とことん出しきって疲れたら、その場でストンと幸せな眠りに就く。このような内なる子どもは、私たちが長じてもなお、心のなかに生きている。とりわけ発達系においては、その傾向が濃厚である。

子ども性を中核とする発達系のあり方は、河合逸雄が指摘した「森羅万象との融合」(河合、一九七二、一九八七)というてんかん者の特性を援用すれば、いっそう理解しやすい。森羅万象との融合は、三つの側面から成っている。第一に、「環境との無媒介の関わり」。第二に、「受け身の外向性」。第三に、「原初的エロス」である。これら三つの側面は、一言で言うなら、周囲の自然や人との限りない近さ、とまとめられよう。

私はかつて、宮沢賢治を発達系の例として(正確には「てんかん的なもの」を生きた人の例として)とりあげたことがある(老松、一九九九)。まず、「環境との無媒介の関わり」については、たとえば『注文の多い料理店』の序に感じ取れる(以下、賢治作品の引用はすべて筑摩書房刊『新修宮澤賢治全集』による)。賢治は言う。「これらのわたくしのおはなしは、みんな林や野はらや鉄道線路やらで虹や月あかりからもらって来たのです。ほんたうに、かしはばやしの青い夕方を、ひとりで通りかかつたり、十一月の山の風のなかに、ふるへながら立つたりしますと、もうどうしてもこんな気がしてしかたないのです」。発達系は風や月そのものになってしまうのだ。

また、ふと感じたことや思ったことがそのまま行動に出てしまう「受け身の外向性」については、子ども時代のエピソードに見て取れる。賢治は、いっしょに遊んでいた友だちが荷馬車に指を轢き切られたとき、即座に駆け寄って「いたかべ、いたかべ」と言いながら、激しく血が噴き出している指に口をつけて吸ってやったという（堀尾、一九六七）。賢治はまた、感動すると、脚をばたばたさせ、「ほうっ、ほほうっ」と叫んで、くるくる回りながら跳び上がった（堀尾、一九六七）。発達系においては、心の内と外の隔壁がきわめて薄く、両者が直結している。

最後の「原初的エロス」という特徴は、太古的で未分化な異性像が内的に優勢なことを指す。賢治の場合、そのあたりがはっきりしないが、生涯、独身だったことがこの特徴の現れだった可能性はある。賢治は、縁談をもちこまれて激怒したことがあるし、恋愛感情を向けてきたある女性を強く拒んでもいる。女性を近づけることはなかったのである。発達系においては、夫婦の関係性はかんばしからぬことが多い。コミュニケーションが苦手だったり、頑固なこだわりがあったりするのが原因だが、母親ないしは母なるものへの思慕が強すぎることもよくある理由の一つである。

発達系の宗教性に満ちた時空

ここで、発達系のもう一つの際立った特徴として、深い宗教性をあげておこう。精神分析の流れを汲むリポット・ソンディの運命分析学（Szondi, 1952, 大塚、一九七四）では、個人の生のあり方が衝動因子と呼ばれる八種類の内なる影響力の現れによって決まるとしている。なかでも、てんかんに代表される発作性疾患群の中核にある衝動因子はe因子と呼ばれ、その本質は怒りと宗教性にある。しかも、そこには、放浪、漂泊、移動、旅という要素が絡んでいるとされている。前節で述べた中心気質の特徴にも、つねに動くために動くということがあったのを思い出してほしい。衝動は鎮まることがないのだ。

ソンディは、e因子を象徴するイメージとして、旧約聖書において長い長い放浪のすえにユダヤの民を約束の地に導いた預言者モーセ、同じく旧約聖書において神の理不尽な依怙贔屓への怒りと嫉妬から衝動的に弟を殺して追放されたカインをあげる（Szondi, 1952, 大塚、一九七四）。カインがe因子の怒りの側面を、そしてモーセが宗教性の側面を象徴していることは言うまでもない。

e因子における怒りは、てんかんの発作が起きる直前に、爆発的な衝動が心身の内に蓄積された状態、ただならぬ不穏さが暗く充満している状態を想像してみれば理解できる。てんかん患者における怒りの発露は、その発作と同様にブレーキを欠きがちで、とことんまで行かないと鎮まらない。また、同因子の宗教性は、てんかんが古代には神聖病と呼ばれていたことからも窺えよう。発作の直前や最中に啓示を受けていたのである。現代の患者もそのような神秘的体験をすることがある。

怒りと宗教性は、やはり発達系の特徴へとつながっている。再び賢治を引き合いに出すなら、彼の怒りの激しさはたとえば、「私なんかこのごろは毎日ブリブリ憤ってばかりゐます。何もしやくにさはる筈がさっぱりないのですがどうした訳やら人のぼんやりした顔を見ると、『えゝぐづぐづするない。』いかりがかっと燃えて身体は酒精に入った様な気がします」という書簡（大正九年、保阪嘉内宛）のくだりに見てとれる。そして、詩集『春と修羅』にある、「いかりのにがさまた青さ／四月の大気のひかりの底を／唾《つばき》し　はぎしりゆききする／おれはひとりの修羅なのだ」という有名な一節を思い出してもらえば足りるだろう。

一方、賢治の宗教性については、熱心な法華経信者で、来る日も来る日も布教して歩き、みずからの作品を法華文学と称したこと、遺言に国訳法華経一〇〇〇部の頒布があったことをはじめとして、すでによく知られている。「銀河鉄道の夜」では、主人公ジョバンニに、「みんなの幸せのためなら僕のからだなんか百ぺん灼いてもかまはない」と独白させ、「虔十公園林」や「雨ニモマケズ」においては、「ホメラレモセズ／クニモサレズ」、ただ純朴に陰徳を積み続けるデクノボーを理想の姿として描写した。

また賢治には、音楽を聞くと景色や人の姿が見えるなどの共感覚があった（堀尾、一九六七）。これも発達系に多い。しかし、それとは別に、宗教性を帯びた真性の幻覚や妄想も体験していた。たとえば詩「小岩井農場」を見ると、農場のなかを足早に歩く賢治が、ユリア、ペムペルという名の不可視の存在をリアルに感じたり、瓔珞《ようらく》をつけた超越的存在の姿を目にしたりしていたことがわかる。

発達系の宗教性は、時空に対する特異な体験様式と関係が深い。この点に関しては、木村敏の唱える、イントラ・フェストゥムという概念（木村、一九八〇）がとりわけ参考になる。木村によると、人のあり方は、時間精神病理学的な観点から、アンテ・フェストゥム、イントラ・フェストゥム、ポスト・フェストゥムに分けられる。フェストゥムとは祝祭のことで、さまざまな意味で生の画期をなすような事態を指す。

アンテ（＝～の前）・フェストゥムは、時間を先取りする、統合失調症的なあり方で、祝祭前夜のように来たるべき事態への胸騒ぎに怯えている。一方、ポスト（＝～の後）・フェストゥムは、過ぎた時間を後追いする、うつ病的なあり方で、過去のできごとにこだわって取り返しがつかないと後悔し続ける（あとの祭り）。対するイントラ（＝～のさなか）・フェストゥムは、現在に集中するあり方で、てんかん、躁状態、境界性人格障害などに典型的に見られる。

てんかん者の時間は、発作が起きて意識が失われるたびに分断される。時間軸上で過去や未来とのつながりが断たれると、生はただの一点としての現在でしかなくなってしまう。発達系のあり方へと敷衍するなら、発達系の生きている時間は、一見、過去から未来へ伸びる一本の線であるかのようであっても、そのじつ、無数の点の連なりにすぎないことになる。

発達系でも、注意欠如や多動の傾向が強い場合には、興味関心が次々と新たな今現在におけるそれへと移ろい続けて、とどまるところを知らない。これは時間が無数の点の集まりになっていることの現れである。一方、自閉症圏に近ければ、常同的なこだわり行動を反復し続けるが、これは時間の進行が止まっているのにも等しく、現在への囚われのもう一つのかたちと考えられる（近年では、後者を、高揚や陶酔のない孤立したあり方として前者から区別し、コントラ・フェストゥムと呼ぶこともある（野間、二〇一二））。

「今」への囚われは、「ここ」への囚われをともなう。それは強烈な宗教性を帯びて経験される。「今ここ」に極限まで集中して生きるあり方は、時間軸上のすべての時間が「今」という一点に集まり、空間座標内のあらゆる場所が「ここ」という一点に集まる、圧倒的なパラドックスに満ちた事態を招来するからである。そこには永遠と無辺が流れ込む（老松、二〇一四）。偉大な宗教家の多くは、こうしたあり方を極めた人だったろうと私は思う。

木村（木村、一九八〇）は、イントラ・フェストゥムの宗教性について、「永遠の一瞬」という特徴とともに、「自然との無限の合一感」や「自然のすみずみにまで拡散」した自己に言及している。そして、てんかん者ドストエフスキーの発作体験が色濃く反映された小説『カラマーゾフの兄弟』の描写をもとに、次のように言う。「『無数の神の世界から投げられた糸が一斉に彼の魂へ集』まり、彼は『一切に対してすべての人を赦し』、『すべての人のため』に『自分のほうから』赦しを乞いたい気持ちなのである」(木村、一九八〇)。

ここから、発達系の宗教性の核心として、永遠と無辺にくわえて代受苦も浮かび上がってくる。代受苦については次節および次々節で論じよう。節をあらためるのは、代受苦という宗教性が発達系の個性化のプロセスと密接不可分な関係にあり、両者を絡めて説明したいからである。なお、一般的な個性化の概念は人格系(多数派である神経症圏の人たち)におけるそれを想定したものなので、発達系に固有の個性化についても検討しておかなければならない。

発達系のモデルとしてのスサノヲ

個性化のプロセスは、自我がさまざまな元型との同一化とその解消を繰り返すなかで進む。人格系と発達系のあり方を、そして両者の交渉のパターンを象徴している元型的モデルがどこかにないだろうか。探すとすれば、神話を措いてほかにない。さいわい、わが国の神話には、人格系、発達系それぞれの元型的モデルを見出せる。高天原に君臨し顕界を治める女神、アマテラスが人格系のモデル、幽界を主宰する荒ぶる神、スサノヲが発達系のモデルとなる(老松、一九九九、二〇一四)。

簡単に二神の生い立ちや関わりを記しておこう。以下、古事記の本文と現代語訳はすべて次田（次田、一九七七）からの引用である。国生みに励んでいた母神イザナミは、火の神を生んだ際の火傷で落命し、黄泉の国（根の国）に身罷《みまか》った。父神イザナギは、亡き妻を現界に連れ戻そうと黄泉の国に向かうも失敗。這々《ほうほう》の体で帰還し、穢れを祓うべく禊ぎをしたとき、左眼、右眼、鼻を浄めると、アマテラス（太陽の女神）、ツクヨミ（月の神）、スサノヲ（風の神）が生まれ出た（図5）。

図5　江田神社の御池（みそぎ池）

禊祓詞（みそぎはらひのことば）には、イザナギが「筑紫（つくし）の日向（ひむか）の橘（たちばな）の小戸（をど）の阿波岐原（あはぎはら）に御禊祓（みそぎはらひ）」をしたとある。宮崎市内に鎮座する江田神社のこの池がその禊の場とされている。

　イザナギは三貴子を得たと喜び、アマテラスには高天原を、ツクヨミには夜の国を、スサノヲには海原を治めるよう命じる。アマテラスとツクヨミは忠実に役目をはたすが、スサノヲだけは言うことを聞かず、鬚が胸もとに達してもなお、亡き母を慕って泣きわめき続けた。そのため、世界には災いがあふれてしまう。理由を聞いた父神は怒り、スサノヲを追放。スサノヲは、亡き母のいる根の国へと降るに先立ち、高天原の姉に暇乞《いとまごい》に行く。

　このとき、スサノヲの移動にともなって世界が鳴動したため、アマテラスは乱暴な弟が高天原を乗っ取りにきたものと誤解し、武装して迎え撃とうとする。スサノヲは「吾《あ》は邪《きたな》き心なし」と主張したが受け入れられない。しかし、誓約《うけひ》と呼ばれる占いがスサノヲの潔白を証明した。スサノヲは勝ちに勢いづいて、結果的に乱暴狼藉を働き、ありとあらゆる罪を犯す。

アマテラスは誓約の結果と弟の乱暴によって深く傷つき、天岩屋戸にこもってしまう。世界には災厄が満ちあふれた。困った八《や》百万《およろず》の神々は一計を案じ、岩屋戸の前でおもしろおかしい宴を催す。外の楽しげな雰囲気を怪しんだアマテラスが、閉じられた扉越しに尋ねると、「あなた様にもまさる貴い神がおいでになりますので」との答え。驚いたアマテラスがそっと覗き見をしたところに、待ちかまえていた者が鏡を差し出し、アマテラスを引っ張り出したのだった。

なんとも興味深い筋立てである。アマテラスはスサノヲと同じく、生まれたときから母親に見捨てられていたが、自己愛の傷つきを否認し、太陽として明るく誇大にふるまっていた。しかし、亡き母親を慕うスサノヲによって、同様のひどい傷がみずからにもあることに気づかされる。そのために抑うつ状態に陥り、閉じこもってしまったのである。アマテラスは、あらゆる点で、人格系のモデルと呼ぶにふさわしい。

アマテラスは鏡のなかの自身の姿を見て、たしかにそこに貴い神がいると思った。この展開はおもしろい。傷ついた自己愛を癒す方法の一つに鏡映《ミラーリング》がある。つまり、母なるものから、そのままでよい、あるがままで充分、と言ってもらうのである。ここでは、アマテラスの引きこもりと神々の知恵によってそれがなされている。死んだも同然の暗い天岩屋戸ごもりのなかで、アマテラスはおそらく亡き母親に会った。そして、鏡のなかに本来の自分を見出した。

一方、スサノヲは高天原から追放され、蓑笠姿でそぼ降る雨のなかを漂泊していく。神学的には、このとき、高天原のすべての罪穢れがスサノヲともども一掃され、世界が更新されたとされている。スサノヲはあらゆる罪穢れの化身であるとともに、それらを一身に背負ってもち去る偉業を成し遂げた神でもある。この代受苦の神徳にあやかって、宮中や諸社では、毎年二回、大祓《おほはらへ》の儀式が執り行なわれるし、日常の御祈祷の際にもしばしば大祓詞《おほはらへのことば》が奏上される。

ようやく再び代受苦にたどり着いたところで、話の都合上、誰もが発達（障害）的な特性と人格（障害）的な特性のハイブリッドになっている背景を述べておく。すなわち、発達系の人に人格（障害）的な要素が加わるプロセス、そして人格系の人に発達（障害）的な要素が加わるプロセスについてである。

まず、発達系の人に人格（障害）的な要素が加わるプロセスだが、これには、発達系が相対的には少数派であって、多数派である人格系が構築した揺るぎなき世間の常識にそぐわないことの影響がある。発達系は適応に苦労しなければならない。その苦労が発達系に人格（障害）的なコーティングを施す。見捨てられを怖れての過剰適応が自己愛の傷つきと密接につながっていることは、すでに述べたとおりである。

ついで、人格系に発達（障害）的な要素が加わることについて。人格系が大なり小なりトラウマ的な体験をしたときには、発達障害に近い特徴が発現することがある。すなわち、その体験が幼い頃に起これば、愛着障害と呼ばれる不信に満ちた状態に陥って関係性形成の発達が妨げられるとともに、コミュニケーションの問題、注意欠如や多動などの症状を呈するようになるのだ。そして、長じてからのトラウマでも、人格系は、発達系類似のイントラ・フェストゥム的なあり方に傾くことになる。

というのも、トラウマとは、いつまで経っても塞がらない心の傷のことだからである。過去の傷が過去のものにならず、永遠の現在として、「今ここ」でぱっくりと口を開けている。人格系もこうして「今ここ」に捉えられ、発達障害に似たコーティングを施される。実際、トラウマの影響と発達障害は、ときに区別がつかない。トラウマ系については次章で詳しく述べる。

トリックスターにしてイニシエーター

さて、スサノヲには発達系のモデルを見出すことができる。おとなになっても泣きわめき続けた子どもっぽさ。周囲をはばかることなく亡き母親を一途に慕う、単純で素朴な感情。誓約の好結果から一気に気持ちが昂ぶり、徹底的な破壊に及ぶ衝動性。漂泊や旅を生きるのを身上としていること。これらは発達系の特徴そのものと言える。あまつさえ、スサノヲが移動するたびに世界中が震動するのである。神話はそれを「山川悉《ことごと》に動《とよ》み国土《くにつち》皆震《ゆり》き」と語っており、てんかんの全身痙攣発作を連想させずにはおかない。

スサノヲの宗教性も独特である。一つは、占い（誓約）によってアマテラスに真実を突きつけたこと。占いは共時的現象から諸事の布置を知ろうとする営みだから、スサノヲは共時性に縁の深い神と見てよい。前に述べたように、共時性は、「意味深い偶然の一致」の背景をなす連関の原理である。そこには奇跡や不思議の顕現があるので、ある種のトリックの存在を仮定することができる。

トリックといっても、広義のそれである。かならずしも悪意や意図とは関係がない。自然のもたらす魔法のようなものと考えてもよいだろう。トリックを駆使する元型的な像としてトリックスターというのがある。神話やおとぎ話に登場するトリックの遣い手を指すが、ただの愚かないたずら者から偉大な魔術師や救世主まで、レベルはさまざま。その働きや影響もピンからキリまである（Jung, 1954c）。

レベルの低いトリックスターは、まわりにちょっとした混乱を引き起こすが、すぐに正体がばれて捕まり、ひどく懲らしめられる。つまらぬペテン師にすぎない。ところが、レベルが高いものになると、その非常識な行動がまわりに多大な影響を及ぼし、既成の秩序を破壊して世界を再生や更新へと導く。いってみれば、常識的な人格系にはけっしてできないやり方で、英雄の仕事を成し遂げるのである。

スサノヲにもトリックスター性が指摘されている（河合・湯浅・吉田、一九八三）。その発露は、たとえば、追放されたあとのスサノヲが中つ国は出雲に降り立ち、通常よりも濃く醸した酒を呑ませることによってヤマタノヲロチを退治する、という有名な場面に見ることができる。強力な怪物（古き神々）を退治し、生贄にされようとしていた乙女を救い出して結婚し、みずからの国を築く。これが英雄としてのトリックスターでなくして何だろうか。

しかし、スサノヲがトリックスターとしての本領をいかんなく発揮したのは、また別のエピソードにおいてだった。高天原からのスサノヲの追放である。スサノヲは常軌を逸した悪事を働き、高天原のすみずみから罪や穢れを集めてきて、追放されるお膳立てをみずから行なった（老松、二〇一七）。すなわち、自分自身にトリックを仕掛けるという、誰もが驚く離れ業をやってのけたのである。漂泊性（老松、一九九七）とも密接に結びついたこのスサノヲの代受苦のなかで、アマテラスの自己愛の傷は癒された。それが今なお大祓の儀式として再現されて世界の恒常性を保っていることは、すでに述べたとおりである。

スサノヲのトリックスター性は、これだけにとどまらず、さらなる発展を見せることになる。その成行きを見てみよう。高天原から追放されたスサノヲは、中つ国でヤマタノヲロチ退治をしてしばらくは出雲にとどまる。しかし、その後いつのまにか、当初の思惑どおり根の国に至り、その主宰神となっている。根の国におけるスサノヲの姿は、きわめて暗く鈍重で怪物的な様子に描写されている。

根の国のスサノヲがした最大の仕事は、七世の孫とされるオホナムヂに対するイニシエーション（参入儀礼）の執行だった。オホナムヂとは、のちの出雲大神、オホクニヌシのことである。

オホナムヂという名前だった頃は非常に弱々しい神で、兄たち（八十神《やそがみ》）から虐待され続けていた。有名な因幡の白兎のエピソードも、兄たちの荷物をひとりで背負わされる虐待のなか、遅れてとぼとぼ歩いているときに起きたできごとである。

虐待の常だが、その仕打ちはどんどんエスカレートしていく。そして、オホナムヂはとうとう殺されてしまう。母神のはからいで根の国に送られたオホナムヂは、スサノヲから過酷な試練を次々に課されることになった。これも見ようによっては新たな虐待である。しかし、じつは、機が熟していれば虐待にはならない。死と再生を通して成長をもたらすイニシエーションの試練としての役割をはたす。

オホナムヂはスサノヲの娘スセリビメから内密に助力を得ることができた。このことは、まさに機が熟していたことを象徴している。内なる異性像が活動しはじめた以上、変容の生じる時期は近い。オホナムヂはこの助力によって困難な課題をクリアしていく。そして、最後にはスサノヲを出し抜き、スセリビメと神宝を奪って逃げ去る。スサノヲは逞しくなったオホナムヂの後ろ姿に向かって、これからはオホクニヌシと名乗れと祝福するのである。

この根の国のスサノヲの物語から、いくつか興味深いことが見て取れる。一つは、発達系が担いうるイニシエーターとしての役割である。発達系がもっている夜の側面、暗い側面が、イニシエーションを執行するうえでは欠かせない。破壊や殺害をも厭わない徹底的な怒りや衝動は、新たな参入者《イニシエート》を死と再生によって変容させるイニシエーターとして必須条件なのである。

もちろん、その片鱗は高天原でも見られた。スサノヲがアマテラスのイニシエーターとしても力を発揮したことを思い出してほしい。

さらにもう一つ、興味深いことがわかる。トラウマの解消において発達系のイニシエーターがはたす役割の重要性である。オホナムヂは虐待のすえに落命し、異界にたどり着いた。これは、生存そのものが脅威にさらされて発生するPTSDの状態に陥ったことを象徴している。では、オホナムヂをそこから回復させたイニシエーションとは、いかなるものだっただろうか。

オホナムヂが与えられた数々の試練のうち、最後のそれは、スサノヲの頭髪のなかにいる無数の巨大な虱《しらみ》をとることだった。オホナムヂは、スサノヲがうたた寝をはじめた隙に、虱をとるふりをしながらその長い頭髪をこっそり垂木《たるき》に結わえつけた。その後、オホナムヂがスセリビメとともに逃げ去ろうとしているのに気づいたスサノヲだったが、動くに動けず、ついにはオホナムヂを祝福したのだった。

それはそうだろう。オホナムヂは、スサノヲから見れば、父イザナギのなしえなかったこと、つまり根の国から妻を現界に連れていくという偉業をとうとう成就したとも言えるのだから。これは、イザナギのイザナミ奪還作戦失敗によって見捨てられの傷を負うことになったスサノヲ自身の癒しにもなるだろう。

ここでは、トリックスターを出し抜くことのできる、もうひとりのトリックスターが誕生している。オホナムヂは、スサノヲのイニシエーションによって、単に生き返っただけでなく、オホクニヌシへと成長した。それが現界での国造りにつながっていく。つまり、ここには、いわゆるPTG、つまりトラウマ後の成長post-traumatic growthがある。トリックスターがトリックにしてやられることで、PTSDからの回復の可能性が開かれることがわかる(Kalsched, 1996, 老松、二〇一七)。

第三章　トラウマ系と心身

トラウマと擬死反応

本章で扱うトラウマ系と心身の問題は、やはりユングが正面切って論じることのなかったトピックの一つである。しかし、ユング自身のあり方も含めて、意図的、非意図的にあれこれのヒントを遺してくれている。ここでは、それをふまえて、トラウマについて考えていきたい。「はじめに」で述べたとおり、トラウマ系とは、トラウマ反応に似たあり方を生きる一群の人々のことで、健常からPTSDまで幅がある。

トラウマとは、本来、生命に危機が及ぶような経験によって生じる心の傷を指す。そして、それがASD（急性ストレス障害）を引き起こし、さらにPTSD（心的外傷後ストレス障害）と呼ばれる長期の深刻な問題へと移行する。PTSDは、解離症状、侵入症状、回避症状、過覚醒症状などを主徴とし、同一性の障害、気分変調、種々の依存症、精神病様体験などが入り混じった複雑な症候群を形成する。症状の詳細にはのちほどふれる。

トラウマになりうる体験は多様である。PTSDは当初、戦場から命からがら帰還した兵士たちが呈した特異な病像として注目を集めた。戦争はトラウマの原因として代表的と言える。ほかに、難産での出生、性的ないし非性的な虐待、いじめ、レイプ、事故、大病、手術、被災といった体験がトラウマになることも多い。これらの事態を自分で経験した場合のみならず、間近で目撃した場合にもトラウマ反応は起きる。

トラウマの原因となる体験は、一回限りのこともあるし、複数回のこともある。短期間の体験であることもあれば、長期間にわたって慢性的に続いた体験であることもある。難しいのは、トラウマになるのが、先ほどあげたような誰が見ても明らかに重大な侵襲と思われる体験ばかりではない点である。それゆえ、正確には、生命が危険にさらされることがトラウマ発生の必須条件とは言えない。

以上の理由から、本書では、客観的には比較的軽微な侵襲的体験でも、PTSD様の臨床像が引き起こされるなら、トラウマが発生しているものと見なす。個性化のプロセスでかならず起きる、傍目には気づかれない内的な死と再生の経験なども、トラウマ的なできごとたりうるだろう。いたずらに範囲を広げてもいけないが、トラウマをより身近な問題として見てみるのは無益なことではない。

ところで、トラウマとPTSDの本態が何であるかについては諸説がある。ここでは、いわゆるソマティック心理療法の領域で唱えられている説に注目したい（久保、二〇一二）。トラウマが心のみならず身体にも刻み込まれるという考えのもと、身体を介したアプローチの理論と技法がワン・セットになっているのが特徴である。すでにさまざまなアプローチが提唱されている。

たとえば、R・キャラハンの思考場療法（TFT）（Callahan, 2000）、P・A・ラヴィーンのソマティック・エクスペリエンシング（SE）（Levine, 1997, 2010）、D・バーセリのトラウマ解放エクササイズ（TRE）（Berceli, 2008）、P・オグデンらのセンサリー・モーター心理療法（SP）（Ogden, Minton, Pain, 2006）、F・シャピロの眼球運動によるトラウマの脱感作法と再処理法（EMDR）（Shapiro, 1995/2001）、D・グランドのブレインスポッティング（BSP）（Grand, 2013）などである。

それぞれに興味深いのだが、なかでも注目したいのは、SEが基盤としている考え方（Levine, 1997, 2010）である。野生の動物は、生命を脅かされるような危機的状況に遭遇したとき、擬死反応を見せることがある。草食哺乳類（鹿の仲間など）の前に、不意に腹をすかせたライオンが現れると、驚いた前者はしばしばバッタリ倒れてしまう。そして、死んでいるかのように硬直して、微動だにしなくなる。

死んだふりをしているのではない。まさに死につつある状態である。これは理に適っているところがあるらしい。まず、そういう状態になっているほうが、捕食者の牙で咬み砕かれても苦痛が少ないこと。そして、捕食者はふつう、動いている対象を襲うので、運がよければやりすごせる可能性があることである。

擬死反応が功を奏して捕食者がどこかへ行ってしまったらどうなるか。ここが重要なのだが、今の今までもはや死んだも同然の状態にあった草食獣は、いきなり息を吹き返して立ち上がり、何ごともなかったかのようにスタスタとその場から立ち去る。ただちに、ふだんどおりの生の営みに戻るのである。その際、スイッチになっているのは、ブルブルッと全身を震わせることらしい。

ラヴィーン（Levine, 1997, 2010）によると、ＰＴＳＤにおいては、この一連の流れが途中で止まってしまっている。つまり、息を吹き返して通常の状態に戻るためのスイッチが入っていない。そこには未完のプロセスがある。生命の危機が差し迫った状況で擬死反応が起きるのは自然なことだが、危険がすっかりなくなったあともそのままなのである。いわば、切迫した状況にいつまでも終わりが来ない。いっさいがそこでフリーズしていることになる。

類心的な領域への侵襲

脊椎動物の場合、擬死反応は脳の原始的な部位の働きで起きている。つまり、爬虫類レベルの脳の反応である（Levine, 1997, 2010）。そして、身体のすべてを巻き込んでいる。哺乳類になると、爬虫類に比べて脳が圧倒的な進化を遂げているわけだが、それでも、人間以外では擬死反応とそこからの回復が滞りなく起きる。人間の大脳にかぎっては発達しすぎたのか、擬死反応を解除するためのスイッチをどこかに置き忘れてきたようである。

この説が興味深いのは、ユングのコンプレックス理論との照応を感じさせるからである。そのようなつながりを感じさせる例として、ユングが述べている一つのケースがある（Jung, 1971/1987）。患者は統合失調症と診断されていた女性で、重い抑うつ状態に陥っていた。わかっていたのは、発症したのが、四歳の娘の亡くなった頃だったということ程度。それ以上の情報が得られなかったため、ユングは言語連想検査を行なった。

言語連想検査はユング以前にも何種類かあったが、ここで使われたのは、被検者のコンプレックスの様態を明らかにするためにユング自身が作成したものである（Jung, 1906）。被検者は、一〇〇個の刺激語に対して、それぞれ最初に思い浮かんだ語を答える。そして、一通り終わったら、再度、同じ刺激語に対して同じ答えをする（再生）よう求められる。

回答に要した時間の延長、連想の不自然さ、再生の誤りなどを指標として、さまざまなコンプレックスの存在を推測する。というのは、ある刺激語が被検者のコンプレックスにふれた場合、コンプレックスに自律的な活動が生じて自我の自然な応答が妨げられ、反応に異常が生じるからである。反応異常を引き起こした刺激語の数々とそれらに対する反応語を見ることで、背後に蠢いているコンプレックスの内容が見て取れる。

重い抑うつ状態にある精神病の患者への言語連想検査はさぞ骨が折れたろうと思うが、ユングはなんとか所見を得た。反応の混乱が見られた刺激語は、天使、反抗的な、邪悪な、金持ち、お金、愚かな、最愛の、堕落する、告発する、結婚、などだった。これらの刺激語や反応語にまつわる連想を聞きとるなかで推測された、事の経緯《いきさつ》は、次のような驚くべきものだった。

患者はかつて、ある男性に恋心を抱いていたことがあった。しかし、家柄の差があったため、彼女はみずから身を引き、別の相手と平凡な結婚をした。そして、娘と息子が生まれた。ところが、それから五年ほど経ったある日、彼女は風の噂を聞いたのだ。かつての恋人が、姿を消した彼女のことを忘れられずに今もなお独身でいるらしい、と。これが彼女のなかにくすぶっていた思いに火をつけた。

彼女は、心のどこかで、子どもたちさえいなければ彼のもとへ行けると考えたようである。当時、近辺ではチフスが流行しており、生水を飲むことに対する警告が発せられていたのだが、ある晩、彼女は、喉の渇きを覚えた娘と息子が生水を飲むのを黙認した。ふだんはけっしてそのようなことはさせなかったにもかかわらず、である。そして、娘は感染し、発症した。

患者のなかでは、以上の一連の記憶や表象が一つのコンプレックスをなしていた。となれば、上記の語の数々がこのコンプレックスを刺激し、その自律的な活動が自我のスムーズな働きを妨げたことは理解できる。彼女の行為は無意識的な殺人だった。そのことはしだいに彼女自身の認めるところとなり、それとともに状態は回復していったという。ユングは彼女の心の奥底にあった罪悪感と状態像との関連を指摘している（Jung, 1971/1987）。コンプレックスが特定の感情を共有する表象やイメージでできていることは第一章で説明したとおりである。

私が注目したいのは、この患者の呈した状態が一種のトラウマ反応であるようにも思われる点である。無意識的な殺人であるとはいえ、いや、そうであるからこそ、愛する娘が苦しみながら死んでいく姿を目にしたことは、患者にとって深刻なトラウマとなったにちがいない。その衝撃から擬死反応に近い状態に陥り、そこから戻ってくるためのスイッチが入っていなかったように見える。

統合失調症に見えたり重い抑うつに見えたりして、情報がほとんどとれていなかったことからすると、この患者は寡動や緘黙を伴う昏迷状態にあったのかもしれない。昏迷状態とは、意志の発動性が障害された状態をいう。意識ははっきりしているのに、何かをしようという意志が生起しないのである。そこには、まさに未完のプロセスがある。私の乏しい経験から言えば、そのような状態を目の当たりにすると、心のみならず身体をも巻きこんだ複雑な病像であることが強く実感される。

この事例が興味深いのは、コンプレックスの作用が類心的領域にも及ぶ可能性を示唆しているからである。ユングは、類心的無意識の概念を唱えるずっと前から、コンプレックスが身体に影響を与えることを指摘していた。コンプレックスが刺激されると、発汗、動悸、呼吸の乱れなど、主として自律神経系を介した身体反応が現れる。この現象を利用したのがいわゆる嘘発見器で、ユングのコンプレックス理論は現在のポリグラフ検査の発展の礎となった。

コンプレックスは、それぞれに固有の糸でもって、意識、個人的無意識、集合的無意識をつないでいる。しかし、さらに奥、つまり類心的な領域までつないでいるとしたら、そこには心と身体をつなぐ通路を垣間見ることができる。そのような視点があれば多少とも理解しやすくなるのではなかろうか。心理的なトラウマが身体に刻み込まれるという現象を。そして、ときには当の本人を超えて環境にまで刻み込まれるという事態を。

ユングは、心と外界のつながりに関して、次のような事例を紹介している（Jung, 1952）。患者は神経症の中年男性である。あるとき、無害そうだが心臓病を疑わせる症状が現れたため、ユングは彼を専門家に紹介した。結果は異常なし。しかし、はたせるかな、帰路、患者は倒れた。彼が瀕死で自宅へ担ぎ込まれたとき、妻はすでに激しい不安状態に陥っていた。というのも、彼女の夫が出かけた直後に鳥の一群が家に降り立ったからである。彼女は、母と祖母が亡くなったときに鳥たちが霊安室の窓の外に群がったのを思い出し、絶望的な予感に襲われていたのだった。

心臓発作で自身の死に直面するという男性の被ったトラウマが、鳥の群れに共有される。あるいは、妻が鳥の群れを見たことが、かつての家族の死によるトラウマを呼び覚まし、それが夫に心臓発作のかたちで共有される。トラウマとその広がりについて、この事例はさまざまな可能性を考えさせる。ユングはこれを共時的現象の例としてあげた（Jung, 1952）。すでに説明したとおり、共時的現象の発生は「類心的な元型」の特性にもとづいている。コンプレックスが意識から類心的無意識までつないでいると考えるなら、心と身体の非因果的連関にとどまらず、心と心、心と物質（他者の身体を含む）のあいだでトラウマが共有される可能性を視野に入れることができる。いずれにせよ、ひとりの心身のなかだけで完結するとはかぎらないトラウマ性の現象を一元的に理解するために、類心的な領域への侵襲という点に注目しておきたい。

トラウマ系の異質な時空

トラウマによる症状は多彩である。しかも、他の病気や障害ではあまりお目にかからない、いっぷう変わった症状が多い。そこには、一般の人がほとんど経験することのない、異質な時間や空間が現前している。他の病気や障害では、時間や空間の質が健常者のそれとそうちがわないので、訴えをたいてい体験的な次元で理解しうるのだが、解離をはじめとするトラウマによる症状はそうはいかない。

ここで、トラウマの引き起こす時空体験を見ておこう。多重人格は複数の人格ないしコンプレックスの交代として理解されるが、本来、交代人格も自身の一部なのだから、ひとりの人が複数の時空を生きていると見ることもできる。たとえば、主人格は、通常の「今ここ」を庶民として生きている。交代人格は、現代ではあっても、主人格の知らない空間を生きている。また別の交代人格になると、何世紀も昔を貴族として生きている、といった具合である。そこでは多重の時空が生きられている。

交代人格が憑依のかたちをとって現れることも少なくない。そのとき、自我の機能は、ある程度、残っていることもあるし、残っていないこともある。憑依した交代人格ないしコンプレックスは、ときに神霊として託宣をする。未来を予言したり、過去を言い当てたりする。深層につながっているコンプレックスは、自我の限定された時空における知識や経験を超える知恵や見通しを有することがあるからである。

多重人格にまでは至らずとも、解離と呼ばれる意識の変容状態はよく起きる。説明が遅きに失したが、解離とは、心的な諸機能のまとまりが一時的に失われる状態を指し、自身や外界からの分離を感じる意識変容、認知しうるはずの情報を認知できなくなる意識変容、さらにはそれによる身体症状や行動異常を呈す。柴山雅俊によると、解離傾向者は「時間と空間を越えて」表象世界に没入する（柴山、二〇〇七、二〇一七）。表象世界のリアリティが強く、空想的な時空を自在に行き来するのである。

解離があると、自分の生きている時間がまわりの人々の生きている時間とスピードを異にする、という体験も起きることがある。自分の時間の流れがまわりのそれよりも遅い、もしくは速いように感じられるのである。離人感も生じる。離人感とは、自分と周囲のあいだがあたかも一枚の見えない膜で隔てられているかのように、世界の実体感が失われてしまった状態をいう。

曖昧になったリアリティの境目では、現実から懸け離れたファンタジーの世界に入り込むことがある。こちらのほうは離人とは逆に、幻覚様のリアルな知覚をともなって、ありありと体験される。しかも、それが、自己像視と重なっている場合もある（柴山、二〇〇七、二〇一七）。現実においても夢においても自己像視は頻繁に起きる。気がつくと、空間のどこか離れたところからみずからの姿を客体として眺めている。ときには、それが未来の自分だったり過去の自分だったりもする。

体外離脱のかたちで体験されることもある。何らかの危機的状況、とくにトラウマが生じたのと似た状況に遭遇したときに多い。この危機的状況は、現実のそれであるか夢や空想のそれであるかを問わない。どちらの場合でも、気がつくと、意識は身体を離れているのである。そして、鳥瞰的な位置から危機的状況にある自分自身を見下ろしていたり、上空を漂っていたりする。

体外離脱の起きやすい条件にも通じることだが、トラウマ的な体験には反復性、再現性がある。フラッシュバックと呼ばれる症状では、それがわかりやすい。実際にトラウマを負ったのはもう遠い過去の別の場所でのことのはずなのに、今ここでの緊迫した状況であるかのように不意に鮮明に甦る。そして、当時と同じトラウマ反応が繰り返されるのである。

トラウマは過去の記憶にならず、いつまでも生々しさを失わない。その傷口はふさがることがなく、血を流し続けている。あるいは、ふさがっているかに見えても、わずかな刺激で再び口を開けてしまう。トラウマは、いわば、循環し反復するようにねじ曲がった時空のなかに潜んでいる。トラウマの近辺では時空が歪む、と考えるとよいかもしれない。

柴山は解離の諸症状を、空間的変容と時間的変容に分けて整理している(柴山、二〇〇七)。空間的変容とは「他者、物、あるいは自己との対象関係の変容」のことで、離人、疎隔、気配過敏、対人過敏、体外離脱、自己像幻視などから成る。一方、時間的変容は「意識状態を構成している記憶や同一性などの変容」であり、健忘、遁走、交代人格(多重人格)などがこれに属す。

以上のように、トラウマは、非常に多彩で不可思議な諸症状を出現させる。しかも、憑依を通してなされる託宣や予言の影響を考えてもわかるとおり、当事者のみならず、曰く言い難い奇異な力で周囲の人々や物質をも巻き込む。その様子を近くで見ていると、あたかも時空の歪みが周囲に感染していくかのようである。

トラウマによる時空の歪みは、かならずしも単なる症状のままとどまるものではない。それが一種の時空の超越のようなものへと変容することがあって、そのときトラウマが多少とも解消されるという経験的事実がある。たとえば、深刻なトラウマを負った人がいつのまにかいわゆる霊能者になり、そのあいだに癒されていたりするのだ。トラウマの癒しに関して、時空の歪みから時空の超越へという変容は必要不可欠かもしれない。

霊能の必然性

市井のシャーマニズム（いわゆる都市シャーマニズムを含む）のなかには、トラウマの自然発生的治療システムが存在する。シャーマンとしての霊能者たちは、多くがトラウマからのサバイバーであるように思われる（図6）。もちろん、トラウマを負った人がすべからく霊能者になるわけではないが、逆はたぶんおおむね真だろう。そして次には、その霊能者が、トラウマに苦しんでいる他の者たちを癒すことになる（東畑、二〇一五）。

いかにして、そのようなことが起きるのか。前節で述べたとおり、トラウマは、時間と空間の歪みを作り出す。一点に集まって何層にも重なり合った、異なる時間、異なる空間を見通すコツをつかめば、未来のできごとや過去のできごとがたちどころに浮かび上がってくるだろう。時間軸上の前後関係は絶対性を失い、空間座標上の遠近も意味

図6　大本の出口なおと王仁三郎
明治33年（1900年）の写真。前列左端からふたり目がなお、前列右端が王仁三郎。開祖なおは辛酸を嘗め尽くしたトラウマ系霊能者、聖師王仁三郎は豪放磊落な発達系霊能者だった。伊藤栄蔵、1999から。

をなくす。内容の真偽のほどはともかくとして、過去や未来や遠方に対する透視が可能になるかもしれない。

より本格的な時空の重なり合いになると、現世、現界を超え出ることもあるだろう。前世や来世をも見透かせるかもしれないし、中陰（中有《ちゅうう》、四十九日）のあいだの霊魂の姿、地獄や極楽といった霊魂の住処も視野に入ってくるかもしれない。場合によっては、神々の坐す天上界や諸仏の浄土にも往還可能となって、異界からの啓示やメッセージを伝える役割を担うことになる。

時間の流れる方向が逆転したり、両向的になったり、二重、三重になったりするのであれば、「当たってから撃つ」ことができる。つまり、的に当たったのを確認したのちに矢を放つのである。これなら絶対にはずれない。かならず狙いどおりのことが起きる。あらゆるできごとを予言し、起きてほしいこと、起きてほしくないことをたくみにコントロールできる。

こうなると、霊能者誕生である。時空の超越に近くなる。そもそも、時間や空間が歪んでいるところでは因果律が成り立たない。因果を超えた領域である。トラウマを負った人が、時空の歪みに翻弄されてばかりいる状態にとどまらず、時空の超越という次元に到達すれば、諸事象間の非因果的な連関がはっきりと見えてくるにちがいない。共時性である。トラウマを負った人を脅かしてきた歪んだ時空は、霊性を帯びた非因果的な時空へと変容する。

トラウマの苦しみのなかから、霊能者は不断に生まれ出てこようとしている。しかし、状況はかなり厳しい。現代の都会には、世の中にしっかりと根を張ったイニシエーターがあまりいないからである。かつて民俗社会では、新たな霊能者を養成するための伝統的なイニシエーションのシステムがよく機能しており、導者としてのイニシエーターが存在感を放っていた。

正確に言えば、伝統的システムは、今もなおかろうじて存続している。たとえば、沖縄のユタの成巫《せいふ》プロセスでは、未参入の段階にある一般人が、まずカミダーリと呼ばれる厳しい体調不良に襲われる。いわゆる巫病《ふびょう》である。それは身体疾患であったり、精神病類似の状態であったりする。自身や近親に起きる不幸というかたちをとる場合もある。私は、このカミダーリも、もともとなにかしらのトラウマを負っている人に起きることが多いのではないかと思っている。

さて、立て続けの不運や不幸に見舞われている人は、いよいよ困って、どこかのユタに相談に行く。そこで、その不運や不幸が、新しいユタになるべく神から選ばれたしるし、と知らされるのだが、好き好んでユタになる者はいない。神託を拒み、巫病と闘う。しかし、抗い続けるほどに不幸は重なり、心身の病気は篤くなる。やんぬるかな、ついに敗北を認めると、不思議と不幸は止む。師匠についてさまざまな作法や技術を学ぶ修行のはじまりである。

ユタの養成システムのように、巫病を知悉しているイニシエーターがいることはさいわいである。しかも、社会には、ユタという存在の受け皿がある。ひるがえって、現代のトラウマを負った個人には、そのような基盤や受け皿はない。それでも、時間や空間の歪みを自覚し、それに脅かされるのではなく、逆に利用して霊性の涵養につなげ、生計を立てることに成功したサバイバーがいれば、事情はちがってくる。

　そこには、ユタのケースにも似た、セルフ・ヘルプ的（自助的）な支援システムが自然にできている。トラウマからのサバイバーは、自身と似た境遇にある者を救おうとするし、トラウマに苦しんでいる人々のほうも、そのようなサバイバーのところに集まっていくからである。しかも、そのセルフ・ヘルプ的支援システムは、立派なイニシエーション・システムにもなっていて、新たな霊能者を育てる。

　ユング心理学には、「傷を負った治療者」という概念がある（Jung, 1954c, 1997）。いったん傷を負って、そこから癒された者。そういう経験をもつ者でなければ、いま傷を負って苦しんでいる人々を癒すことはできない。ユングの慧眼は深い真理を捉えている。私のような分析家や心理療法家、そしていわゆるヒーラーは、みな「傷を負った治療者」である。心の癒しは本質的にセルフ・ヘルプ的であると言ってよい。

　フロイト派においても、ユング派においても、教育分析というシステムがある。分析家になるために、まず自分自身がアナリザンドになって、みずからの心の問題、ずっと抱えてきたトラウマを扱い、ある程度以上の癒しや救いを経験することが必須なのである。教育分析というシステムの提唱者は、ほかならぬユングだった。「傷を負った治療者」は、自身の癒されたトラウマを通して、他者のトラウマを癒そうと試みる。

ものごとの微細《サトル》な側面

「霊能」と何度も言ってきたが、そのことに違和感を抱く人もあるかもしれない。霊能が自分にあると思っていたり、他人にあると信じていたりするのは、はたしてまともなことなのだろうか。まったく取り合わないという人もいるだろうが、霊能の真偽を云々する際にたぶん重要なのは、その粗大《グロス》な側面について語っているのか、それとも微細《サトル》な側面について語っているのか、意識しておくことである。

どちらについて語っているのかが共有されていなければ、話はすれちがいになるばかりである。霊能は、粗大な側面においては、奇術や手品と見なされるかもしれない。詐欺、ペテンと言われることもありうる。あるいは、本人や周囲の思い込み、妄想と考えられる場合もあるだろう。もちろん、それがごく一般的で常識的な見方というものである。

しかし、すべてのものごとには、粗大な側面と微細な側面が同時に存在している (Jung, 1997)。前者の存在は、後者の存在を排除しない。本来、霊能と呼ばれるものは、微細な側面におけるそれなのだろう。ものごとの微細な側面は、通常は感知されないからこそ微細なのであって、粗大な方法を使ってその存在が証明できなくとも不思議はない。微細なものは、微細な感覚をもってしてはじめて、真偽を議論できる。

ユングは次のような逸話を紹介している（Jung, 1997）。チベットの田舎の井戸端で、ある娘がいかがわしい男に襲われて、乱暴されそうになった。娘は必死で拒み、なんとか逃げおおせた。やっと家に帰りついて、母親に、何があったかを打ち明けた。ところが、男の風体を聞いた母親は、娘の無事を喜ぶどころか、こう叱りつけたのだ。おまえはたいへんな失敗をやらかした。それは偉大なラマさまだ。おまえは身を任せるべきだったのだ、と。

娘は驚き、襲われた場所に急いで戻った。男はそこで瞑想していた。彼はたしかに、母親の言った聖者だった。娘は「あなたのための用意はできています」と言ったが、聖者は近くにいる驢馬《ロバ》のつがいを指差しながら、もう遅い、と頭《かぶり》を振るのだった。そして、次のように、わけを語った。ある性悪な男が少し前に亡くなった。その霊魂がおまえの体に入れれば解脱の機会になるかと思ったのだが、おまえが拒んだので、霊魂はそこの驢馬に入ってしまった。次には驢馬として生まれてくることになるだろう、と。

ユングが伝えたかったのは、この聖者の行為に粗大な側面と微細な側面とがあったということである（Jung, 1997）。粗大な側面は、聖者が娘に性的な暴行をしようとしたこと、そしてはらませようとしたこと。これは、客観的な事実として、誰が見ても明らかである。むろん、そこには、あらゆる欲を捨てたはずの聖者であるにもかかわらず、エゴイスティックな性欲に振り回されて行なった恥ずべき行為、という価値づけがともなう。

ところが、聖者のこの行為には、じつはもっと崇高で慈悲深い意図があった。それが微細な側面である。聖者は、罪深い哀れな男の霊魂が、その場で解脱することはできないまでも、後生はせめて畜生道に堕ちずに人間道にとどまって、少しでも解脱に近づけるようにさせてやりたいと思い、通りかかった娘に協力を求めたのだった。

粗大な側面は客観的な事実であり、微細な側面は主観的な事実である。相互に重なり合ってそこにある。この同時に存在する二つの側面を知っていて、かつ共存させておくのは、まことに至難の業である。私たちはふつう、粗大な側面だけを見て、微細な側面はほとんど認めない。あるいは、微細な側面のみを信奉して、粗大な側面はおろそかにしてしまう。前者ならば、世界に潤いはない。後者ならば、地に足がついていない。

心と身体のあいだの領域を探求したり、トラウマの癒しを追究したりするのなら、ものごとの粗大な側面にも微細な側面にも開かれていなければならない。難しいことだが、そこでたいせつになってくるのが二重見当識である。見当識とは、みずからの置かれている状況の認識をいう。二重見当識はふつう見当識の障害と見なされるが、私は健康な類のそれもあると考えている（老松、二〇一〇）。「たいせつ」と言っているのは、もちろん、健康な二重見当識のほうである。

両者を区別するために、ここでは、一般に症状と見なされているそれを病理的二重見当識と呼び、高次の適応的リアリティをともなうそれを生理的二重見当識と呼ぼう（注　精神科医だった故加藤清も、かつて、健康な二重見当識なる概念を示唆していた、と最近たまたま小耳にはさんだ。生前の加藤を知る者のひとりとして迂闊にも気づかずにいた。本書で述べているのは、あくまでも私個人の考えだが、わが意を得たりの思いである)。

病理的な二重見当識は、難治の妄想をもっている精神病患者に現れやすい。長らく妄想を抱えていて、かつある程度は病勢がおさまっている入院患者などは、一方で自身の妄想の世界を頑なに信じていながら、他方ではそれなりに現実に適応している。そうなると、たとえば、明日にも世界が滅亡すると怯えているにもかかわらず、一か月後に運転免許の有効期限が切れるので更新しに行かなければならないと訴える。

病理的二重見当識では、妄想的な見当識と現実的な見当識とが同時並行的に存在するのだが、両者が交わることがない。その矛盾を指摘しても、患者は否認し、スルーしてしまう。しかし、霊性に開かれた人たちには、生理的二重見当識が見られる(老松、二〇一〇)。生理的二重見当識においては、ものごとの粗大な側面と微細な側面とが、どちらも否定されることなく適応的に生きられている。

そのような人たちにとって、霊能は存在して当然のものである。しかし、それを声高に主張したりはしない。霊能が否定されるリアリティも充分に理解し、かつそのような現実を衒《てら》いなく生きてもいる。なんとなれば、リアリティは二重になっていると知っているからである。つまり、霊能は存在するが、存在しない。存在しないが、存在する。いや、むしろ、存在する/しないという次元を超えている。

第四章　身体系と心身

身体系個性化とは

第二章と第三章では、発達系、トラウマ系という類心系に属する二つのあり方をめぐって、それぞれの心身と時空の体験を見てきた。本章では、第三のあり方である身体系について考えたい。身体系とは、おもに身体にまつわる変容を通して個性化のプロセスを歩む人たちのことである。身体的営為へのなみなみならぬ熱意とこだわりがあり、莫大なエネルギーを傾注している。

身体系は独立性の高い類型ではなく、発達系やトラウマ系、そしてあえて言うなら心身症系とでも呼べそうな人たちと重なる部分が多い。身体系がこれら諸系の一部を成しているとも言える。発達系、トラウマ系、心身症系が経糸《たていと》であるならば、そのあいだを縫って走る緯糸《よこいと》が身体系である。

もう少し説明しよう。しつこいようだが、私たちの生涯にわたる成長や発達のプロセスをユングは個性化と呼んだ。ユングの体系は心理学なので、言うまでもなく、個性化は心の変容として言及されることが多い。ユング自身はけっして心に限定してはいないのだが、そうなってしまうのは仕方のないことである。しかし、類心的無意識という概念がユングの晩年に付け加えられたことにより、個性化における心と身体の関係、あるいは心と物質のつながりをあらためて問い直す必要が生じてきた。しかし、その作業は、いまだ充分にはなされていない。

前章、前々章で述べた発達系やトラウマ系のあり方を考えてみれば、個性化を心のみのプロセスとして捉えるだけでは足りないことが火を見るより明らかである。心と身体は車の両輪。個性化に関しては、もっと身体に注目してしかるべきである。なかには、むしろ身体を中心に理解するほうがよい個性化もあるのではないかと思う。実際に、臨床の現場では、もっぱら身体の変容をめぐって展開する事例にも出会うことがある。

そのような経験から、私は身体系個性化という概念を考えるようになった(老松、二〇一六a)。そして、心を中心に見てきた従来の個性化のほうは心《こころ》系個性化と呼ぶようにして、ゆるやかな区別を立ててみた。身体系個性化とは、身体がないと進まない個性化を指す。ただし、心で扱いきれなくなった問題の身体化にまつわる現象とはちがう。心のことに還元したり翻訳したりできない身体独自のプロセスを介しての成長や発達の謂いである。

ただし、心系個性化がしばしば身体を巻き込むのと同様に、身体系個性化も、まったく心の関与なしに進むことは稀である。したがって、心系個性化と身体系個性化のちがいは、心に関する要素が多いか、身体に関する要素が多いか、という相対的な問題にすぎない。とはいえ、類心的な領域が深く関与するプロセスについては、身体系個性化の側から眺めるほうがずっと見晴らしがきく。

身体系個性化を生きている人たちを身体系と呼ぶ。身体系個性化はいわば忘れられてきた個性化のルートだが、身体系の人は案外、身近にも多いかもしれない。ジョギング、ウォーキング、テニス、スイミング、ダンス、ヨガ、気功、太極拳などを熱心に嗜んでいる人、危険をものともしない釣り人や登山家、玄人はだしの日曜大工や日曜画家など、身体系と呼んでいい可能性のある人は山ほどいる。

心理療法や分析では心系個性化の促進に力が注がれるのが一般的だが、それが行きづまったとき、クライエントやアナリザンドはおのずと身体的な活動を求めたり、実際にはじめたりする。急にジムに通い出したりするのである。肝心な問題から目をそらそうとしている、などと言われることもあるかもしれない。しかし、そうではない場合がたしかにある。両輪が動いてはじめて、車はまっすぐ前に進むのだ。

急に運動をはじめた理由が、表向きは、運動不足解消のため、痩せるため、ストレス解消のため、といったことであっても、そのじつ、滞っている心系個性化のプロセスをどうにかしたいという無意識的な動機があることは少なくない。そのようなとき、身体系個性化のルートはじつに役に立つ。これは、はじめから身体系個性化を生きている場合とはちがって、いわば二次的な身体系個性化ということになるだろう。

一方、より純粋に身体系個性化を求める人たちもいる。本格的なアスリートや武術家などは、高度な身体系個性化の道を歩んでいると見てよい（老松、二〇一六a、二〇一七）。こちらは一次的な身体系個性化である。また、動作や立居振舞いの徹底的な修練を要する、茶道、書道、仕舞、日舞などの芸事を追究している人も、水準の高い身体系個性化のさなかにあると言ってよい。共通点は、身体運用を通して、イメージや気の遣い方、五感を超えた感覚の錬磨を続けていることである。

単純な動作の奥深さ

質のよしあしはともかくとして、本格的なアスリートや武術家でなくとも、身体を通しての成長や発達は生じうる。ごく単純なパターンの動作の反復を毎日、続けてみるだけでもそれがわかる。たとえば、気軽にできる簡易な運動のパターンを集めた、体操のような健康法がいくつかある。数秒から十数秒あれば終わるような簡単なパターンを、日々、一〇分なり一五分なり繰り返すのである。

私は、ある先生から習った何パターンかの動作を数年来、ほぼ毎日やっている。楽でよいのだが、あまりに単純すぎて、こんなことに意味があるのかと当初は訝った。ところが、続けるほどに、その奥深さがわかってくるのだ。丁寧に自分の動きをチェックしてみると、「こんなこと」でさえまともにできていないことに気がつく。

一つの例として、両足を肩幅に開いて立ち、両腕をゆっくり左右（水平）に振る動作がある。ラジオ体操でやるのと似たようなものだが、腕を振りながら、腹式呼吸で、足の裏から（のつもりで）短く息を吸い、やはり足の裏から（のつもりで）細く長く息を吐き出す。つまり、呼吸を意識しながら腕を振る。たったこれだけの動作だが、どうしてどうして、これが難しい。そして、毎日、何分か続けているあいだにも、次々と身体に関する何かしらの新しい発見や体験がある。

はじめのうちは、物理的な身体操作にまつわる発見が続く。身体の軸を保つためにはどうしたらよいか。その答えにしても、毎日、次々と変わっていく。そもそも、軸を身体のどこに想定するかという問題があるし、腕を振る前にどのような姿で立つかという問題もある。じつは、体軸は、なんとなくそう感じているところよりもかなり背中寄りを通っている。そして、立ち姿においては、腰（骨盤）が前傾していてはいけない。

呼吸の仕方もなかなかしっくり来ないものである。腹式呼吸に慣れてきても、かたちだけにとどまっている期間は長い。一つの理由は、呼気のときに息を吐ききるのが容易でないからである。吐ききったと思ったところから、ふつう、さらに数回は吐くことができる。そこに気づかなければ、自然に息を吸うことができない。ほんとうに吐ききっていればこそ、勝手に空気が入ってくるのだ。

胸や鼻で吸うのではない。息を吐ききると、下腹がまずスッと静かに膨らんで、わずかに遅れて胸に空気が入ってくる。能動的に吸うのではなく、受動的に入ってくるのを待つのだ。さもないと、咳込んでしまう。この程度のいくつかのコツを見出すだけでも相当な日数を要する。日々、少しずつ変えて試行錯誤を続けてみて、はじめてそういう答えにたどり着く。しかも、呼気を外にではなく内に吐くようにすると、体感が変わってくる。

適切な姿勢と体軸、本来の腹式呼吸が身につくと、空気を足の裏から吸って吐くあいだに、気が体内をめぐるのが感じられるようになる。気の感じ方は人それぞれだし、状況によってもちがうが、私の場合は、ちょっと粘稠《ねんちゅう》な感じがあることが多い。はじめはかすかな感覚だが、日数を重ねるうちにしだいにはっきりしたものになってくる。ときに爽快感をともなうこともある。

そして、単純な反復運動にともなう自動感ないしは被動感、つまり自分が身体を動かしているのではなく、勝手に動いている、動かされている、という感覚が強まるにつれて、気のめぐりもいっそう明瞭に感じられてくる。時間感覚が変わり、あっという間だったはずなのに長い時間が経っていたり、その反対だったりする。また、ときには空間感覚も変わって、目の前のものが遠くに感じられたり、逆に間近に見えたりする。

体軸の話に戻るが、軸は、通っている位置がわかるだけでは保てない。腕を振るたびに、グラグラと前後左右に揺れてしまう。そこでまた試行錯誤が必要になる。腕の振り方を、手から、肘から、肩から、腰から振って比べてみたり、顔や視線の向き、首の角度、爪先の向きや膝の角度、腰の落とし方を工夫したりする。体幹の捻りを入れる高さも、なんとなくではなく、腹、上腰（上前腸骨棘）、股関節（大腿骨の大転子）と変えてみる。

そのうち、体軸を頭頂部から床までのものと考えずに、頭上数メートルから地下数メートルまで延びているとイメージすればかなり安定することに気づく。また、腹式呼吸においては、上体が呼気時に少し前屈し、吸気時に後傾しがちになるが、それを打ち消すように意識すると、そのつど体感的に軸を確認できる。ここに至れば、上腹部と下腹部は連動して波打つようになり、その動きのなかで軸はさらに安定する。

話が長くなったが、なにも、これが正しいということではない。たった一つの単純な動作でも、これだけの試行錯誤がありうるし、そのたびに身体運用に関する新たな視野が少しずつ開けてくると言いたいだけである。類似の試みを長く続けているまわりの人たちを見ていると、老境に入って若い頃のシャープな動きが影を潜めても、目に見えない何かに自然に導かれているかのような滑らかな身のこなしが輝き出てくるのがわかる。

身体系のツール、オーセンティック・ムーヴメント

ここで、身体系と個性化について考えるよすがとして、オーセンティック・ムーヴメントを紹介したい。オーセンティック・ムーヴメントはダンスを基調とする心理療法の技法の一つで、ユング心理学に由来する。いや、正確に言えば、心理療法に用いるとはかぎらない。教育に使うこともあれば、ダンスの基礎的トレーニングの一つとして使うこともある。より広く、文字どおり、個性化を目指すためのツールと見るほうがよいだろう。

本書では、心理療法的に用いる立場からオーセンティック・ムーヴメントをとりあげる。この技法を使う心理療法家はダンサー出身であることが多く、それゆえ、たいていは身体系に属する人たちと考えてまちがいない。そのような心理療法家による事例報告を見ると、身体系における時間および空間の体験の様式などが非常によくわかる。それが、ここでオーセンティック・ムーヴメントをとりあげる最大の理由である。

この技法の創始者は、メアリー・スタークス・ホワイトハウス Mary Starks Whiteouse（一九一一～一九七九年）というアメリカ人の女性ダンサーで、アメリカ・ダンス・セラピー協会の設立メンバーである。彼女はユング派の教育分析を受けたり、スイスのユング研究所で学んだりしながら、ユング心理学を基盤とするダンス療法を編み出した。それがオーセンティック・

ムーヴメントである（Whitehouse, 1979）。深層ムーヴメント movement-in-depth などと呼ばれることもある。

ホワイトハウスはこう述懐している。「そのムーヴメントが、どんなに限定的な変更も部分的な変更もなしえない、シンプルかつ必然的なものだったら、それは、私が『オーセンティック（真正な）』と呼ぶものになったのです――それが正真正銘のもので、その人に属していることは明確にわかりました。オーセンティックは、私の思いついた、真実を意味する唯一の語でした――学ばずとも知っていて、ときおりそこにあるのがわかる類の真実です」（Whitehouse, 1979）。

オーセンティック・ムーヴメントが依拠しているのは、ユング心理学のなかでも、とりわけアクティヴ・イマジネーションである（Whitehouse, 1979）。アクティヴ・イマジネーションについては、第五章以降で詳しく扱うため、ここではごく簡単に説明するにとどめるが、意識（自我）と無意識とがイメージを介して行なうキャッチボールのようなもので、そうした直接のコミュニケーションによって意識と無意識との対立の解消を図る。

アクティヴ・イマジネーションでは、その名のとおり、イマジネーション（想像）のなかで意識が無意識と折衝を行ない、折り合える一線を見つけて、心が一つの全体として機能できるようになることを目指す。すなわち、個性化のための直接的かつ強力なツールである。オーセンティック・ムーヴメントにおいては、身体の動きや感覚のなかにそうした対立を見出し、即興でそれを表現するとともに和解が成立するよう試みる。

方法はいくつかあるが、ホワイトハウス（Whitehouse, 1979）においては、教師（導き手、仲介者）と生徒（クライエント、患者）のペアで行なわれた。一対一の個人セッションも、一対多の集団セッションもある。もちろん、途中で役割を交代する。特定のテーマを設定して行なわれることもあれば、何のテーマもなしに自由なムーヴメントがなされることもある。ムーヴメントのあとには、相互に感想や意見を伝える。

重要なのは、頭で考えて動くのではないということ。つまり、身体のなかからおのずと動きが湧き上がってくるのを待ち、いまだかたちのない動きを捉えて、求められているかたちを与え、いわばこの世のものとすることである。何かが「向こうから来る」にまかせ、それが動きとして姿をとるがままにさせ、こちらもそこに動きを通して意識的に応答し関わることこそ、アクティヴ・イマジネーションの一形式としてのオーセンティック・ムーヴメントの真骨頂と言えよう。

その土台となっているのが、対立し合うものの合一を目指す、ユング心理学の観点である。ホワイトハウスの教えを受けた、あるユング派分析家は、彼女のセッションについて次のように回顧している（Chodorow, 1991）。対立とその変容へのセンスが重視されている点に注目してほしい。

…彼女のウォーミングアップは、それまで経験した以上に細かい注意が必要でした。動きの質を感じ、またその変化に注意を払うことが求められました。例えば両腕を持ちあげて、離したり開いたりする動きを組みあわせ、腕が真上に伸びて左右に離れ始める一瞬に起こる小さな動きをする場合、私たちはこの瞬間を長引かせ、何度もそれを繰り返したものでした。彼女はからだを意識してほしいと願い、自分の内面がその動きをどのように感じているのかに耳を澄ますように求めました。

ホワイトハウスはしばしば動きの中で特別なテーマを追求するよう求めました。例えば、開く閉じる（あるいは上と下、きついとゆるい、左と右、押すと引くなど）のような対の関係を見いだすために立ったりすわったりあるいは寝転んだりどんな動きを使うことができるか考えました。また、自分のからだが伸びたいだけ伸びきると、そのあとからだが必然的にその反対の動きに変わる瞬間を感じることは、新鮮な体験でした。このようないろいろな対の動きを用いたワークで、動き手は両極端のはっきりした動きの体験ができ、動きによる対の関係の力動性を知ることができたのです。

（平井タカネほか訳）

どうだろう。前節で述べた「単純な動作の奥深さ」に通じるところがありはしないだろうか。身体系が歩む個性化のプロセスには、身体への繊細な集中と反復と試行錯誤から闡明を得ることが欠かせない。そこに身体と心の接点がある。

オーセンティック・ムーヴメントで最もたいせつとされている気づきは、「動く」ことと「動かされること」とを両方体験することのなかにある（Whitehouse, 1979）。意図的に動くのとはちがって、内から来た何かによって動かされることがあるのを知り、両者を区別できるようにならなければならない。意識由来のムーヴメントと無意識由来のムーヴメントである。そうであってこそ、次に治療的、創造的な合一が生じうる。ホワイトハウスの強調する「対」の焦点はここにある。

身体に匿われているもの

オーセンティック・ムーヴメントやその変法は、心理療法に広く用いられている。身体系にとって、これは、椅子に座って対話することを中心とした通常の治療技法よりもずっとなじみやすい。それゆえ、発達系やトラウマ系に対してかなりの有効性を見せることがある。以下に、トラウマに対して用いられた例（Musicant, 2001）を引用しよう。度重なる喪失体験と反復性の抑うつに苦しむ四〇代の女性である。

この女性は、ある友人から受けた扱いが不当なものだったことを誰かに認めてもらうのをずっと望んでいた。求めても詮ないことと頭ではわかるようになっていたが、それでも、彼女は、自分が正しかったと言ってほしかったようである。セラピストは彼女に、その気持ちを抱えたままで、身体のなかにそれの在処《ありか》がないか探してみるよう勧めた。彼女は目を閉じて、手を上にあげていき、胸のところで「ここ」と言った。

セラピストは彼女にこう促した。その気持ちが彼女をムーヴさせるがままにさせ、全身を、注意を、好きに使わせてやるように、と。彼女は両手を上げて、胸骨に沿ってさすった。そして、自分の肩を抱くと、すすり泣きしはじめた。両手は胸の上やまわりをやさしくムーヴしていた。彼女は手と指で胸をなで、まわりをまさぐった。泣くのがおさまってくると、両肩が開かれて、胸は広がった。

彼女は、このときの体験について問われると、母親から置き去りにされた際の気持ちをめぐって数々の記憶を述べ、それがいかに不当でひどいことか、今現在における思いとともに語った。胸の感覚はムーヴメントのあいだにやわらげられていったが、それが彼女の存在の承認に対する希求の土台となっていた。そして、ムーヴメント体験は、彼女が自分自身を承認するための土台となった。

数週後、彼女とセラピストは、胸郭と両足に彼女が見つけた新たな軽さとともにムーヴしていた。床をさまざまにタップし、踏みつけ、ステップしているあいだ、両腕と肋骨が漂い滑ってムーヴするにまかせた。ひとしきり楽しんでからおさめかけたとき、セラピストは、彼女の両腕がわずかにスイングしはじめたのに気づいた。そこで、そのまま両腕の望むがままにさせ、感覚、感情、ムーヴメントの衝動が現れ出るにまかせるよう促した。そして、見守った。

彼女が目を閉じると、両腕が上半身のまわりでやさしくムーヴしはじめた。彼女は強い体軸のまわりで回転しながらムーヴしたが、そのあいだ、膝はやわらかく、両足はしっかりと床を捉えていた。休憩のあとで、彼女はこう語った。まっすぐに立ってバランスの感覚を経験するとともに、自分はここではこれでよいのだとわかった、と。

その後、彼女は、苦痛をともなうある関係性を話題にし、そうなったことに対するみずからの側の問題と自身のなかでのその問題の大きさを見据えはじめた。「でも、これが私を屈服させる［膝をつかせる］気はしない。私は、ムーヴメントをしていたときのように、バランスを保っていられるし、なおも見つめることができるもの」。そう彼女は言った。自身のなかにある力を見出したわけである。

オーセンティック・ムーヴメントがどのようなものか、具体的にわかってもらうという目的もあって、少し長く事例を引用した。彼女のなかには母親からの見捨てられにともなう、広い意味でのトラウマがあったと推測される。それが今現在のさまざまな人間関係に影響を及ぼしていた。その問題は数年前から扱われ、すでに一定の理解に達していたにもかかわらず、肝心なトラウマはいまだ身体のなかに潜んでいたようである。

「ある種の記憶は筋運動の中に保存され、それらはからだの動きを通して最も蘇りやすい」(Chodorow, 1991)。このような場合、身体を介在させる技法が求められる。そして、否応なく、身体系個性化のプロセスを生きるよう強いられる。これは、擬死反応から息を吹き返すのに必要なスイッチを探し出すこと、反応を正しく完了させることに等しい。彼女の場合、そのスイッチは胸骨の周囲にあった。トラウマは身体に刻まれて隠れている。しかし、それによる擬死反応を解除するスイッチも、やはり身体のなかにたいせつに匿われていた。

なお、今あげた事例では、どちらかというと個人的無意識の水準で問題を扱っている。それはそれでよいのだが、オーセンティック・ムーヴメントやアクティヴ・イマジネーションの本来の持ち味は、より元型的な水準で問題を扱っていくところにある。プロセスが元型的な水準のものであれば、霊的な次元に開かれるし、身体系における特異な時間や空間の体験を深めることも可能になるだろう。

ホワイトハウスのオーセンティック・ムーヴメントにおいては、元型的な水準での視点、霊的な次元での視点がいまだ充分に醸成されていなかったきらいがある。彼女の薫陶を受けた弟子たちのなかには、オーセンティック・ムーヴメントに胚胎していた高次の側面を育てた者もいる。師と同じくダンサー出身のジャネット・アドラー Janet Adler（一九四一年～）はその代表である。そこでは、オーセンティック・ムーヴメントの理論的な面での発展も見ることができる。次節で見てみよう。

身体系における特異な時空

古典的なオーセンティック・ムーヴメントでは、ムーヴァー（動き手）－ウィットネス（見守り手）というペアのそれぞれの役割が重視されていた。とくにだいじなのウィットネスのほうである。ウィットネスは、ムーヴァーの自我を見守り導くセルフの役割を象徴的に担う（Whitehouse, 1979）。セルフは最内奥にいる観察者にほかならない。

セルフについては、第一章で、「心全体の中心と考えても差し支えない。セルフは中心にある司令塔のようなもので、他の諸元型の動きをゆるやかにコントロールしている。セルフは自我の及びもつかない力をもっている」と説明したことを思い出してほしい。また、同じく第一章で、「個性化とは、自我が、かつてみずからをエージェントとして生み出したセルフとの関係を修復する試み、自我－セルフ軸の確立を目指す試みであるとも言える」とも述べておいた。ウィットネスがしっかり役割をはたしたなら、ムーヴァーの自我は、つねにセルフに見守られ導かれているという感覚をもてるようになる。

この考え方は、オーセンティック・ムーヴメントによる治療機序の重要な一翼を担っている。しかしながら、アドラーはそこにとどまらない（Adler, 1987）。彼女の発展させたオーセンティック・ムーヴメントにおいては、ムーヴァー－ウィットネスというペアのあり方が決定的な深化を見せている。すなわち、ムーヴァー－ウィットネスが自我－セルフになぞらえられた関係性から離れていくのである。

アドラー（Adler, 1987）のオーセンティック・ムーヴメントでは、ムーヴァー－ウィットネスは、むしろ対等な関係と見なされるばかりか、ムーヴァーの体験と同様に、ウィットネスの側に起きる霊的、瞑想的な体験にも強力に焦点が当てられる。いや、より正確に言うなら、ムーヴァーとウィットネスははじめのうちこそそれぞれの役割に固定され、ある意味で縛られているのだが、セッションやプロセスが進むにつれて、たがいがたがいの導き手になっていく（図7）。

このあたりは、身体系の特異な時空の体験と関係が深い。アドラー（Adler, 1987）によると、ムーヴァーのムーヴメントが文字どおりオーセンティックなものになるにつれて、身体における時間や空間、そして重さは相対化されていく。つまり、ムーヴァーは霊的な次元に開かれるが、その影響は、場をともにしているウィットネスにも及ぶ。ウィットネスはムーヴァーを見守りながら、自身もまた霊的な次元に開かれる。それが逆に、ムーヴァーにも伝わる。ムーヴァーとウィットネスは、それぞれに特異な時空の体験をし、相互にプロセスを深め合う。

少し抽象的すぎるだろうか。ならば、アドラー（Adler, 1987）が提示している、ムーヴァーとウィットネスの時空的インタラクションがよくわかる事例を見てみよう。そこでは、彼女自身がウィットネスで、ムー

図7　ジャネット・アドラー
オーセンティック・ムーヴメントに新たな境地を拓いたダンス・セラピスト。Pallaro, P., ed., 1999から。

ヴァーは別の女性である。ムーヴァーは最初、幼い子どものように、自分の出す声や音、皮膚感覚、未分化なムーヴメントを楽しみ、指で自分の口や肌を探索する。ウィットネスも安寧を感じる。いつのまにか、その指は思春期前の少女のものになり、自意識のもとでムーヴしはじめる。そして、苦痛があるかのような苦悶の身振りを示す。ウィットネスは不安になる。

ムーヴァーは両腕を組む。左手が繊細でむき出しなのに対して、右手は大きく強い感じになる。ウィットネスには、彼女が別の女性に見えてくる。どうやら、地に足がついたようである。そして、ムーヴァーの頭と骨盤のあいだにある空間がしだいに満たされて充実し、可動性が出てきたのが感じられる。ここでウィットネスは安堵する。

それから、ムーヴァーは再び変化する。今度は、強くて明晰な不可視の女性に変わったことが感じられる。ムーヴメントの質がムーヴァーの肉体そのものよりも大きい。一つの見えない姿が彼女の内部から生まれ出てきたかのようである。しかも、彼女自身をはるかに超えて拡大している。顔が光り輝いて見える。彼女のかねてからの元型的な内なる導き手、「女神」が現れたのだとわかる。ウィットネスの身体は温かくなり、重さと姿についての自覚はゆっくりと拡散していく。そして、みずからのなかで全体性を経験する。

このたった一回のセッションで、ムーヴァーは、自我の芽生える以前からの人生のすべての時間を駆け抜けている。そのなかで、彼女の個人史と今現在の現実にまつわる悲喜こもごもは乗り越えられたという。同時に、ウィットネスも、いわば宇宙に拡散し、一つの全体としての宇宙そのものを経験したようである。このような現象を引き起こすのは、むろんオーセンティック・ムーヴメントの力だが、この技法を編み出し、発展させ、その本質として時空の変容という側面を浮かび上がらせた、卓越したダンサーたちの力とも言える。

そこでは身体系のもっている力が異彩を放っている。アドラーの事例で生じた時空や重さの相対化は、旧著『身体系個性化の深層心理学』（老松、二〇一六a）で示した、ひとりのトライアスリートの体験と似通っている。詳細は省略するが、そのアスリートは、相対化された重さや時空を、競技中にはいわゆるゾーン（M・チクセントミハイの言う「フロー」の一種（Csikszentmihalyi, 1990, 1997））として経験し、イマジネーションにおいては宇宙に拡散する無数の微粒子となって経験した。そして、旧著で明らかにしたように、それは「今ここ」への極度の集中力の賜物だった。オーセンティック・ムーヴメントにおいても、身体系は、「今ここ」の強度を最大化して「永遠と無辺」を呼び込むようである。この特性は、第二章でふれた発達系のそれとも部分的に重なっている。

koshiから出現するもの

アドラー（Adler, 1987）は、超個人的源泉からのエネルギーによるムーヴメントが現れるとき、身体にちがいが現れると言う。そして、日本語のkoshi（腰）が、身体のエッセンス（要）

であるとともに骨盤を意味することをとりあげ、骨盤こそがその「ちがい」の起きる場所だと指摘している。たしかに、「女神」はそこで抱えられていた。この場合のkoshiは、超個人的なエネルギーの湧出する箇所と考えてよいのだろう。

アドラー（Adler, 1995）は、別のところで、オーセンティック・ムーヴメントによる彼女自身の骨盤からの変容体験を述べている。非常に興味深いエピソードなので、紹介しておこう。そのとき、彼女は、池の上方にあるスタジオに来ていた。開けられた窓からは池が見える。そして、みずから選んだ信頼できるウィットネスの前で、自身の複雑な生のための唯一の器だというオーセンティック・ムーヴメントに入っていく。

開かれた空っぽの空間が招いている。彼女は歩み入る。その空間にも近辺にも、ほかには誰もいない。それを何かでいっぱいにする必要などない。ゆっくりとムーヴする。そこは信じられないほど澄んでいて自由。彼女は床に向かってゆっくり沈んでいく。

仰向けに寝ころび、両膝を曲げて、足は床につける。温かい。朝の灰色の湿気に包まれている。彼女は自分の重さを受け入れながら、そして自分自身を受け入れながら、自分の身体のなかに徐々に沈む。そして、開いていく。両脚のあいだに一つのエネルギー場が現れ、両脚を離ればなれにさせる。ムーヴメントは、両脚が大きく開かれるまで、かすかなゆっくりとしたものになる。彼女は目を閉じ、イメージを見る。

両手がヨニ［女陰］のほうに伸び、リンガ［男根］のたくさんついた長い綱を引っ張り出す。

たぐっていると最後のリンガになり、その下には振動する美しい球体。それが開いて、赤ちゃんが生まれ落ちる。赤ちゃんは彼女の内部に滑り戻って、年頃の娘になった。そして、まったき悦びや自由とともに解き放たれて、骨盤腔全体を探索する。そこはピンクで潤っており、臓器はない。娘は泳ぐようにムーヴする。大きくすばらしいストロークで。本来の場所でくつろいでいる。

このオーセンティック・ムーヴメントは、アドラーのもっと大きなイニシエーション体験の一部である。ここにクンダリニー・ヨーガの微細身《サトル・ボディ》を見出すことはたやすい。先ほどふれたトライアスリートも、じつはアクティヴ・イマジネーションのなかで、時空の変容にともなってクンダリニー・ヨーガの象徴に満ちた体験をした。みながそうではないにしても、身体系にとって、骨盤とクンダリニーは特別な意義をもっているらしい。

クンダリニー・ヨーガ（Jung, 1996, 1997）については、第一章の終わりのところで詳しく述べた。繰り返しになるが、今一度、簡単に説明しておこう。この微細身の体系においては、いくつかのチャクラが脊柱に沿って積み重なっている。最低位の第一のチャクラは骨盤底にある。そこには、シヴァ神のリンガがあって、妃であるクンダリニーという蛇が巻きついて眠っている。行者の瞑想や呼吸法によって覚醒した蛇は、背骨に沿って這い上がり、下方から順にチャクラを開く。

諸々のチャクラは、上位のものになるほど、その属性から粗大さが薄れて微細になっていく。

這い上がっていくクンダリニーが行者の頭頂部にある最後のチャクラに至ると、そこで待ちかまえていた夫シヴァと合一することになる。これにより行者は解脱するとされている。クンダリニーが最低位のチャクラから最高位のチャクラまで至るプロセスがクンダリニー・ヨーガなのだが、画期をなすのは、やはり蛇の覚醒する瞬間である。

クンダリニーが覚醒するとき、心身にはさまざまな激しい不調が起きる（Krishna, 1967）。一方で、第一のチャクラが開けば、空中浮揚が可能になるとされている。このヨーガが次元を超越するイニシエーションと見なされる所以である。クンダリニーの覚醒と密接なつながりがあると思われる、重さからの解放が、アドラー自身にも彼女のクライエントにも生じていて、時間や空間の相対化をともなっていたことはすでに述べたとおりである。

クンダリニーの覚醒は、その後の蛇の上昇路を開き、ここにおいて上半身の微細身化がはじまる。骨盤ないしkoshiは、そのような現象を引き起こす超個人的なエネルギーの源泉である。臨床上も、身体系や発達系のクライエントが骨盤の繊細な調整を日課にしていることが稀ならずある。微調整が成功したとき、骨盤から変容が生み出され、霊性が目覚める、と言ってもよいかもしれない。オーセンティック・ムーヴメントという営みはその可能性を教えてくれる。

本章では身体系と個性化について論じてきた。今まで、身体系の個性化の特徴は発達系やトラウマ系のそれとの重なりが大きい、といった曖昧な表現で語るにとどめていたが、ここにきて、その本質がようやく少しはっきりしてきたかもしれない。すなわち、身体系とは、微細身に魅入られた人たちのことである。そして、その目指すところは、重さを消すこと、時間や空間を超越することにある。

本章の冒頭で、余暇のスポーツや心身の開発法を楽しんでいる人たちは身体系である可能性がある旨を述べたが、それはあくまでも可能性にとどまる。とにもかくにも、その身体的営為が個性化のプロセスの一部であり、かつプロセスの目的が微細身の獲得に置かれていること。これが身体系と呼びうる不可欠の条件である。発達系やトラウマ系も、この条件に合致していれば身体系と見なして差し支えない。

粗大な身体のみならず、微細な身体をどう経験し、いかに生きていくか。これが身体系の重大な関心事になっている。なかんずく、一次的な身体系個性化においては。身体の粗大な側面における成長は、競技の成績や記録の伸びなどから把握できるだろう。しかし、それが身体の部分的な酷使など、偏りの増大に支えられているなら、年齢とともに限界を迎える。一方、身体の微細な側面は個性化をやめることがない。身体系個性化は身体内部の対立や葛藤に和解をもたらすことを目指し続ける。

第五章　アクティヴ・イマジネーションのエッジ

ユングとアクティヴ・イマジネーション

ここまで、類心系のあり方、そして心身や時空の体験を見てきた。本章では、心と身体のあいだを探求するユング派最強のツール、アクティヴ・イマジネーションを紹介しよう。簡単に言えば、意識（自我）がイメージを介して無意識とやりとりし、両者の調和を図る技法である。この技法は類心的領域にアプローチし、トラウマの癒しに役立つ。なぜそう言いきれるかというと、アクティヴ・イマジネーションの誕生にはユングのトラウマが関係しており、ユング自身がこの技法で創造的に癒された（Jung, 1971/1987, 2010）からである。

若き日のユングは、無意識の発見者にして精神分析学の創始者であるフロイトの優秀な弟子として、「プリンス」と呼ばれるほど将来を嘱望されていた。ところが、ユングは、フロイトの無意識観に対して、しだいに納得のいかないものを感じはじめる。フロイトの考える無意識は個人的なそれに限定されており、集合的無意識と諸元型の存在を見出していたユングの目には、まったく表層的で不充分な捉え方としか見えなかったのである。

両者の議論は噛み合わなくなり、ユングはついにフロイトの制止をふりきって、自身の信じる論を世に問うた（Jung, 1912/1952）。一九一二年、ユング、三七歳の頃である。これをきっかけにふたりは袂を分かつことになる。この訣別は、ユングにとって、深刻なトラウマとなった。フロイトという偉大な羅針盤をなくしたユングは「方向喪失状態」に陥り、精神病様の状態を呈するに至る。

ユングは、みずからの得意とする夢の自己分析によって、最悪の窮地から脱しようと試みる。しかし、結果はかんばしくなかった。そこで窮余の一策として考えついたのが、くだんのアクティヴ・イマジネーションである。ユングは一〇数年前に降霊術をテーマに学位論文を書いたことがあり（Jung, 1902）、そのときに得た知識や経験を応用して新たなイメージ技法を編み出したのだった（Jung, 1971/1987）。

研究対象となった降霊会の中心には、ひとりの優秀な霊媒がいた。ヘレーネ・プライスヴェルク Helene Preiswerk という若い女性で、ユングの母方の従妹である。ユングはこの降霊会と霊媒について研究を重ね、霊媒の言動が霊媒自身の無意識に由来するものであることを突きとめた。そして、その無意識がときとして霊媒自身より知恵に満ちていることも見出した（Jung, 1902）。

この事実は、個人的無意識のみを考えていたのでは説明できない。個人の経験の深浅に関係なく、いにしえの知恵をもつ、超越的な集合的無意識を想定する必要があることは明らかだった。方向喪失状態にあったユングは、霊媒の使っていた技術を応用してこの超越的な力にアクセスできればみずからの人生最大の危機を乗りきれる、と考えた。

霊媒の方法、つまりトランスを援用しようとしたことから、アクティヴ・イマジネーションは「トランシング」と呼ばれたこともあった。ただし、あくまでも援用、応用であって、アクティヴ・イマジネーションにトランスが使われることはない。というのも、このときの危機に夢の自己分析が奏功しなかったのは、夢における意識のエネルギー緊張が低いことが一因だったからである（Jung, 1971/1987）。それゆえ、トランスには頼れない。ユングは、清明な意識状態を保ったままで無意識と対話する方法を模索した。

試行錯誤を重ね、一九一六年頃、この技法は完成を見た（Jung, 1916a）。先ほども述べたとおり、アクティヴ・イマジネーションは意識（自我）と無意識とのイメージを介した対話なのだが、それは結果として一つの物語を紡ぎ出す。たとえば、私（自我）が主人公となって広大な無意識の世界で冒険をしたり、そこに棲んでいる者たち——人間の姿をしていることもあるし、動植物や物質、あるいは神々や怪物の姿であることもある——と交流をしたりする。

ユングは自身のアクティヴ・イマジネーションを詳細に記録した。その作業は、ユングがおおむね危機を脱するまで、数年にわたって続いた。はじめは『黒の書』と名づけられた黒い表

図８　『赤の書』より
たくさんの美しい挿画のなかの一枚。「夜が青く深く、上から降りてきて、大地は下から黒く昇ってくる」。Jung, 2010から。

紙のノートに記されていたが、のちに『赤の書』と呼ばれる大判の赤い革表紙のノートに清書されることになる。後者は「ノート」というにはあまりに立派な、古写本のごとき外観を呈している。しかも、驚くべきことに、ユングはその後、長年にわたって『赤の書』に加筆修正を続けたのだった（Jung, 1971/1987）。

『赤の書』への清書は、『黒の書』にある当初の記録をそのまま写す作業ではなかった。ユングは、カリグラフィーを用いた特殊な書体と神話のごとき文体でもってイマジネーションの物語を記した。このまさしく古文書ふうの体裁は非常に重要である。ユングの説明によれば、集合的無意識は神話的な文体のなかに姿を現しやすいからである（Jung, 1997）。

ユングが工夫したのは文章だけではない。たくさんの重要な場面に、独特の様式で色鮮やかな絵も付している。いや、「絵も付している」というのは当たっていない。むしろ絵のほうが主役で、そこに文章が添えられているという印象が強い（Jung, 2010）。むべなるかな。アクティヴ・イマジネーションは、その名のとおりイメージを体験していく技法であり、視覚的イメージが主体となるからである（図８）。

ユングが臨床でもアクティヴ・イマジネーションを用いていたことは言うまでもない。この技法によってかたちをなすイメージについて、ユングは、あるトラウマ系のアナリザンド(Douglas, 1993, 老松、二〇〇〇)に次のような注目すべき説明をしている。「その本を取り出してページをめくってみればいい。それがあなたの教会——あなたの聖堂——あなたの精神〔霊〕の静かな在処になって、そこで再生が生じます」(Douglas, 1993, 1997)。ここでユングが「本」と呼んでいるのは、イマジネーションを記録して美しく装丁したノートのことである。

この言葉から、ユングがアクティヴ・イマジネーションによる宗教性の確かな深みへのアクセスを目指していたことがわかるだろう。なにしろ、イマジネーションの書には、イマジナー自身のための聖堂があると言っているのだから。このアナリザンドのイマジネーションについて、ユングは、「これから二〇〇年や三〇〇年は耐えられるマテリアル」を手にしたのだと高く評価し、「これは偉大な、人類の記録だ」とまで述べている(Douglas, 1993, 1997)。

なお、ユングには発達系としての側面もあった。少年時代にはときどき意識消失発作を起こした(Jung, 1971/1987)ことが知られているし、宗教性の深さにかけては他の追随を許さない。そもそも、石工のギルドにまで入って電気も水道もない別荘を建てて、それを彫刻で飾り、何度も改修を重ねた(Jung, 1971/1987)徹底ぶり、あるいは『赤の書』を長年にわたって手直しし続けた(Jung, 1971/1987)こだわりは、容易にまねのできることではない。アクティヴ・イマジネーションは発達系のユングだからこそ追究できた、とも言えるだろう。

アクティヴ・イマジネーションのはじめ方

ユング心理学においては個性化のプロセスが重視されるが、第一章で説明したように、その目標となるのは心の全体性の実現である。心の全体性とは、別々の方向を向いていた意識と無意識とが調和して一つのまとまりとして機能できるようになった状態を指す。アクティヴ・イマジネーションは、すでに述べたように、全体性を実現するための「ユング派最強のツール」と呼ばれている（Franz, 1981）。

それは、アクティヴ・イマジネーションが、意識（自我）にとって無意識由来のイメージと直接やりとりできる、唯一の技法だからである（Hannah, 1981）。無意識由来のイメージを扱う方法自体は、夢分析や描画をはじめとして多数存在する。しかし、よくよく考えてみると、それらの技法では、いずれにおいても、無意識とのその場での真正なやりとりがない。あるとしても、間接的な接触にとどまる。

夢分析を例にとると、夢を見ているときには清明な意識がないため、半意識的な不充分なやりとりしかできない。だからこそ、覚醒後に意識をしっかり関与させて、無意識からのメッセージについて考える。遅ればせながらでも、無意識との接触を確かなものにしようとするわけである。また描画では、清明な意識はあるのだが、いかんせん、無意識に対して応答を返すことはほとんどできない。

アクティヴ・イマジネーションにおいては、無意識とのまったく質の異なるコミュニケーションが可能になる。なにしろ、意識と無意識とのあいだで何度も何度もキャッチボールがなされるのだから。そこには、エネルギー緊張の高い清明な意識があるというだけでなく、無意識との直接的なやりとりがリアルタイムでいくらでも続けうるという強みがある。

さて、アクティヴ・イマジネーションの具体的なやり方だが、これはひとり自宅で試みるのが一般的である。そして、まずは、おのずから浮かび上がってきたイメージ（たいていは視覚的イメージ）のなかに「私」（自我、意識）を入り込ませることが基本となる。たいせつなのは、最初のイメージが向こうから勝手にやってきた、という感じである。自律性があること、つまりみずからの意志をもっていて勝手に動くことは、そのイメージが無意識由来である証となる。

はじめは、そのような無意識由来のイメージがやってくるに任せ、ついでそこに自我ないし意識を関与させていく。ユングはスタートの要諦を次のように説明している（Douglas, 1993, 1997）。

まず網膜だけを使ってごらんなさい。イメージを無理に出そうとし続けるのではなく、ちょっと覗いてみようと思うだけでよい。こうしたイメージが見えたら、そのままで、それらがあなたをどこに連れていくか――それらがどう変わるか――を見たいと思っていてごらんなさい。そして、その画面のなかに自分から入っていこう――役者のひとりになろう――と望むのです。私が最初にこれをはじめたときには、風景が見えました。それから、自分自身をその風景のなかに入り込ませる方法を体得しました。そのようにすると、そのなかの人や物が話しかけてきますから、私のほうも答えるというわけです。

ユングらしい、独特な説明の仕方である。はじめは、イメージが浮かび上がってきたとしても、動いてはいないかもしれない。つまり、静止画の状態である。心的エネルギーの不充分なイメージは静止画的であることが多い。アクティヴ・イマジネーションでは、そのイメージが動くようにすること、動画の状態にすることがたいせつである。そのためには、ユングが述べているように、イメージがどう変わるかをじっと見つめていればよい。

動かないイメージを見つめることは、心的エネルギーを注ぎ込むことに等しい。すると、イメージはおのずから動き出す。イメージとはそういうものである。ユングはbetrachtenというドイツ語の動詞が、「見つめる」という意味と同時に「はらませる」という意味ももっていることを指摘している（Jung, 1997）。すなわち、凝視することは、生命を宿らせることなのである。ひとたび生命をもったものは動かずにはいない。

なお、アクティヴ・イマジネーションのはじめ方には、いろいろなパターンがある。とくに、そのスタート地点をどう決めるか。これはなかなか難しい。いま紹介した引用のなかで、ユングは、スタート地点にするイメージそのものが意識からおのずと浮かび上がってくるのを待つことを推奨している。しかし、かならずしもそれがスタンダードではない。

ユングは、別のところで、夢からアクティヴ・イマジネーションにつなぐ、というやり方も述べている（Jung, 1916a）。つまり、先の見えない状況で途切れてしまった夢、非常に意義深いように思われるのに断片的にしか覚えていない夢、そういった夢の最後の場面をアクティヴ・イマジネーションのスタート地点にして、続きがどうなるか探索するのである。

さらにユングは、覚醒状態で見た一瞬もしくは短時間のヴィジョンをもとに、そこからスタートして展開をたどる、というやり方についても言及している（Jung, 1916a）。ちなみに、ユングは一九一六年に、つまりアクティヴ・イマジネーションが技法としてほぼ完成した頃に、ヴィジョンにもとづく比較的短いイマジネーションを私家版『死者への七つの説教』として、近しい人々に配った（Jung, 1916b）。これはまさに、短時間のヴィジョンをアクティヴ・イマジネーションとして膨らませたものである。

ユングはイメージする力に恵まれた人だった。しかも、出現してきたイメージに対しては、どれほど恐怖を喚起するものであっても、またどれほど残酷きわまりないものであっても、自身の全存在をかけて向き合う強さを備えた人だった。それくらいイメージに備わっている力を信じることができた人だったとも言える。しかし、残念だが、ふつうはそううまくいかない。

だから、私は、夢やヴィジョンの断片からアクティヴ・イマジネーションをはじめることは勧めない。そのイメージが断片としてしか経験されなかったということには、やはり、それなりの理由があるはずだろう。そこに重要な課題があるのはまちがいないが、おそらく、いま取り組むにはまだ何かが足りないのだ。準備を整えてから挑戦すべきである。

私が推奨しているのは、お気に入りの絵葉書（写真や絵）をスタート地点にする方法である（老松、二〇〇四a）。温かい感じのするものがよい。途絶した夢やヴィジョンが隠し持っているような、なにかしらの不安を惹起する要素のない画像を選ぶ。急がば回れ。アクティヴ・イマジネーションの世界に穏やかなところから少しずつ慣れていって、機が熟したら本来の課題に向き合えばよい。くだんの課題は、遅かれ早かれ、向こうから現れてくるに決まっているのだから。

アクティヴ・イマジネーションの続け方

さて、ひとたびイメージが動いたなら、そこに含まれている無意識からのメッセージを読み取る必要がある。無意識は意識が用いるような言葉を用いない。とりわけ集合的無意識は太古の時代から変わっていないので、はるか昔の言葉しか使えないのだ（Jung, 1997）。そして、イメージこそ、その古い言葉にほかならない。したがって、イメージの動きのなかには無意識からのメッセージが込められていると考えるべきである。

第一章で説明したように、無意識からのメッセージは、たいてい、意識がもっているものの見方の偏りを補うような内容になっている。イメージの一つひとつの動きに補償的な内容を読み取るのは、はじめは難しいかもしれない。意識にとって、みずからの偏りは盲点になっているからである。しかし、イマジネーションのなかでの出会いを無駄にしないためにも、なんとかしてメッセージを読み取るよう努めたい。

私はいつも、「嘘でもいいから仮説を立てるように」と勧めている（老松、二〇〇四a）。たとえば、風景のイメージからスタートしたらイマジネーションのなかで不意に雨が降ってきたという場合、今の自我のあり方が無防備すぎる（傘がない）ことを警告してくれているのではないか、と考えてみる。あるいは、ほんとうは泣きたい（雨が降る）くらいの悲しみを抱えていることに気づくよう促しているのではないか、と考えてみるのである。

私が重視しているのは、仮説を複数立てることである。仮説一つでは、ただの思いつきにすぎない。複数の仮説のなかから、あれこれの状況を考え合わせたうえで、いちばん確からしい一つを選択する。ついで、向こうからのメッセージがその仮説どおりならどう応じるか、思案する。ここでも、できそうなこと、すべきことの候補を複数考えるのがよい。そして、ベストと思われるものを一つだけ選択する。

たいせつなのは、イマジネーションの主人公である「私」が等身大の私であることである。想像の世界だからといって、スーパーマンになってはいけない。ふだんからスーパーマンであるなら別だが…。イマジネーションの世界でも、現実でできることはできるが、できないことはできない。インフレーション（自我肥大）を起こして、地に足のついていないことをするならば、いずれ高所から墜落することになるだろう。

さて、向こうからのメッセージにどう応じるかは、どう行動するかに行き着く。それが、結局、無意識からのメッセージに対する応答になる。むろん、この応答もイメージを介して返す。アクティヴ・イマジネーションは意識と無意識のあいだのイメージを介したキャッチボールである、と述べた所以である。先ほどの例（「無防備すぎる」）であれば、守りとなる傘がないか持ち物を確かめてみる、雨宿りできる大木や軒先がないか探す、などの応答が可能かもしれない。

ここでは、雨宿りできる場所を探すことを選択したとしよう。見わたしてみると、はたして野原の先に大木があった。急いで木の下に駆け込む。すると、そこには先客がいた。同年代くらいの穏やかそうな人に見える。…このイメージの展開は、意識（自我）からの答えに対して無意識が新たに放ったメッセージである。内容から推測するに、こちらの応答はさほど的はずれではなかったらしい。

それにしても、今度のメッセージはどういう意味なのだろう。ここまでの流れとどうつながっているのだろう。ここでまた複数の仮説を考え、一つを選択する。そして、可能な返答をやはり複数考えて、一つを選択し実行に移す。すると、また無意識が何か応答することになるだろう。以上のようなやりとりの繰り返しによって、イマジネーションは進行し、結果的に一つの物語が紡ぎ出されていく。

ところで、イメージのしっぱなしで終わってはいけない。記録をする必要がある。イメージやイマジネーションは、もともと現実の世界におけるかたちをもっていないため、非常に儚《はかな》い。そのままにしておけば、泡沫《うたかた》のごとく、またたく間にどこかに消えていく。そうなると、本来ならその先にあったはずの個性化のプロセスは、そこのところでいったん頓挫してしまうことになる。

イメージやイマジネーションには、いかなる手段によってでもよいから、何らかのかたちを与えるよう心がけるべきである。絵にしてもよいし、粘土細工にしてみてもよいし、語って録音するのもよいだろう。何か身体運動で表現して録画するということも可能かもしれない。しかし、最も一般的なのは、やはり文章のかたちにして記録を残す方法である。

その点、ユング自身による『赤の書』はおおいに参考になる。その文章がどのように綴られ、いかにして絵が付されたか、すでに説明したとおりである。『赤の書』を見てもらえばわかるが、実際には、ユングほどのエネルギーをそこに注ぎ込むのは容易ではないだろう。とはいえ、その何分の一かでもエネルギーを費やしてみてほしい。そのようにしてイメージを実体化させて、一度はこの世に在らしめたか否か。そこには雲泥の差がある。

文章にしてイメージを現実化させる場合、あるいは他の記録の仕方をとる場合でもたいてい同じだが、そのつどの区切りとするところは好みに応じて決めればよい。つまり、その日の分がすべて終了してから、思い出しながらまとめて記録することもできるし、キャッチボールでこちらが一回投げるたびに、また無意識のほうから一球届くごとに、いったんイマジネーションの世界から出てきて文章として綴り、その分を書き終えたら再びあちらの世界に戻る、ということもできる。

また、無意識からのメッセージの意味に関する仮説をすべて書くのか、そのなかから一つを選んだ理由をどこまで書くのか、こちらのできる応答の候補をすべて記すのか、個々の選択肢がもっているメリット、デメリットについてどれほど言及するか、それらのなかで一つを重視するに至った理由をどこまでつぶさに述べるのか、すべて自由である。記録はイマジナー自身のためのものなのだから。

記録としては、イメージをある程度現実のものにできた、と感じられるならそれでよい。それに、イマジネーションを快調に進められるペースやリズムというものがあるはずである。こうしてその日の記録ができたら、何日かのうちにその続きに取り組むのが望ましい。なお、「記録はイマジナー自身のためのもの」とはいっても、分析や心理療法の一環としてアクティヴ・イマジネーションを用いている場合には、分析家やセラピストに報告する必要がある。

根本となる原理

以上がアクティヴ・イマジネーションの基本的な手続きである。ただし、ユングはここまで具体的に指示しているわけではない。ユングの言葉の端々に含意されていることをあちこちから寄せ集めて、私なりの一工夫を加えると、だいたいこのようなかたちになる。そういうことを示したまでである。ユングが方法をあまり体系的に述べなかったのは、各人が取り組みやすいやり方があると考えたからだろうと思う。

実践する場合には、例外的な状況もありうるので、かならずしも原則に従えないことも出てくる。経験を通して自分に合うやり方にカスタマイズしていく必要がある。本来ならば、ここで、メッセージの読み方や行きづまったときの打開策など、各種のコツを示しておきたいところだが、紙幅に限りがあるので詳細については成書 (Hannah, 1981, Jung, 1916a, 1997, 2010, Johnson, 1986, 老松、二〇〇〇、二〇〇四a、二〇〇四b、二〇〇四c、二〇一六c、Spiegelman, 河合、一九九四) を参照されたい。

コツもたしかに重要なのだが、ここでは、手続きを含むいっさいの前提である、アクティヴ・イマジネーションの最も根本的な原理を説明することを優先すべきと考える。原理などと呼ぶのは大袈裟すぎるだろうか。けれども、それはイマジネーションにかぎらず、広く心理療法や分析の作業に妥当なものである。もっと言えば、私たちが毎日を生きていくにあたっても欠かせない心がけに通じる。

アクティヴ・イマジネーションの根本的な原理とは、「自我のアクティヴな態度」（老松、二〇〇四ａ）、そして「全体の福祉」（老松、二〇一六ｃ）である。この両者は不即不離の関係にあり、いずれも、すでに説明したアクティヴ・イマジネーションの手続きのなかにはじめから組み込まれている。手続きについて読んだだけでは、なぜそうしなければならないのかわかりにくい箇所が多々あったことと思う。じつは、そこに二つの原理が顔を覗かせている。

まず、「自我のアクティヴな態度」（老松、二〇〇四ａ）について。アクティヴ・イマジネーションがその名で呼ばれるのは、文字どおりには、積極的、能動的にイメージすることが求められるからである。たとえば、いま流れているテレビの番組にたまたまぼんやりと目をやったときのように、あちらが届けてくれるものを漫然と眺めているようではいけない。そこにどう関与するかが問われることになる。

無意識との関わりはインタラクティヴでなければならない。すでに説明したように、この関わりはキャッチボールに譬えられる。それも、飛んできたものをただぼんやりと捕まえて、何も考えずに放り投げるのはいただけない。相手がどう思って投げてきたのか、こちらが感じたものをどう返すのか。そういうところがないと、キャッチボールとは言えない。気持ちの通い合いがあってこそ、ほんとうのキャッチボールである。

この「気持ちの通い合い」を図るためのだいじな前提がある。それは、相手、つまり無意識のもっている自律性を認識しておくこと、そしておのれの考えや思いをぶつけ合う対等な相手として敬意を払うことである。無意識は私の一部でありながら、私（自我、意識）とは異なる考えをもっており、自分の意志で活動している。その活動に自我の偏りを補償する働きがあることはすでに述べた。

したがって、自我にとって無意識は、痛いところを突いてくるライバルでもあるし、それゆえにこそ頼りになるパートナーでもある。自我は無意識を劣等で邪悪なものと誤解しがちだが、ほんとうはいちばんたいせつにすべき相手である。だからこそ、真剣に向き合わなければならない。無意識の言葉に真摯に耳を傾け、その要求を可能なかぎり受け入れ、反対にできないことはできないとはっきり伝える必要がある。

自我が無意識を相手に真剣に関わり続けることは、よほど慣れていないと難しい。だから、アクティヴ・イマジネーションにはそのための方策として、無意識からのメッセージの意味に関して複数の仮説を立ててから一つを選択し、ついで自我（意識）の側が応えられることをやはり複数考えてから一つを選択して実行する、という手続きが組み込んであるのである。

煩雑だと思う人もいるかもしれない。しかし、選択という作業はたいせつである。選択には責任がともなうからである。私は今この状況においてこうするのだ、こうするぞ、と自分に言い聞かせながらそれを実行する。「なんとなく」ではない。「なんとなく」は可能なかぎり排除するのである。
自分でしかと意識しながら決めた以上、いかなる結果になろうとも言い逃れはできない。望ましい結果になったなら言うことはないし、かんばしからぬ結果になったとしてもその責任はあまんじて負う。つまり、イマジネーションを中断してしまったり、こっそり後戻りして選択し直したりはしない。それが、無意識に対して敬意を払うこと、責任を引き受けることである（老松、二〇〇四ａ）。

選択して責任を引き受けること、「なんとなく」をなくすこと。これは自我が自我としての機能を発揮していることを意味する。つまり、自我がアクトしている。「自我のアクティヴな態度」と私が呼んでいるものがこれである。自我がそれくらい真剣であれば、無意識の側も真剣になる。相互の信頼感も生まれてくる。たとえ自我が選択の判断を誤って状況が悪くなったとしても、無意識は、かならずや挽回のチャンスを与えてくれるだろう。

いま、意識（自我）と無意識のあいだに相互の信頼感が生まれる、と述べた。そのためには、双方が充分に意見を闘わせなければならない。この交渉をユングは折衝と呼んでいる。すでに少し説明しておいたが、意識（自我）と無意識がそれぞれの意見や要求を出し合うなかで、当然、受け入れの可能な部分と不可能な部分がある。そこを明確に区別して返答し、主張すべきは主張し、譲るべきは譲る。ときには、交換条件を出すなどの交渉術も必要になる。

折衝は、もちろん、イメージを介して行なわれる。そうした折衝の目指すところは、意識と無意識との合意である。両者の主張や方向性は、はじめはまったく一致していない。ふつう、正反対である。その対立や葛藤のなかで折衝を行ない、両者の納得できる落としどころを探っていく。和解できる一線、妥協できる一線が見つかれば、意識と無意識は一つの全体として進んでいけるようになる。

もう一つの根本となる原理

折衝によって成就される全体性は、原初（太古の昔あるいは誕生時）の心にあった混沌とした未分化な全体性ではない。いったん分化した意識と無意識がそれぞれの自律性を保持しながら実現する、高度な再合一である。無意識のなかには、第一章で説明した超越的な力を有する部分（「部分」というのはほんとうは正しくないが）、セルフも含まれているので、これは神仏や宇宙との一体化にも近い。

折衝のプロセスで難しいのは、自我が無意識に対して何かを主張するときの根拠ないし基準だろう。そこが、アクティヴ・イマジネーションの根本的な原理の二つ目と関係してくる。すなわち、「全体の福祉」（老松、二〇一六c）である。この「全体」が心全体を意味することは言うまでもない。ここで、アクティヴ・イマジネーションの目的をもう一度、思い出してみる必要がある。それは心の全体性の実現だった。

アクティヴ・イマジネーションは自我のためだけに行なう作業ではない。なるほど、自我の苦悩がきっかけとなってはじまるのが一般的ではある。それでも、アクティヴ・イマジネーションを使うなら、心全体のため、つまりは無意識のためにもなるのでなければならない。自我の利益ばかり考えて、想像の秘められた働きを利己的に使い、超越的な力にアクセスしようとするなら、それは黒魔術にほかならない。

では、「全体の福祉」とはどういうことか。理解するには、心の構造を思い出してもらう必要がある。簡単におさらいすると、心は三層から成っていて、表層から順に、意識、個人的意識、集合的無意識である。このうち、意識と個人的無意識は、各個人が過去にしてきた経験、あるいは今現在している経験を内容としている。これらは、集合的無意識の圧倒的な広さと深さを思えば、大海を漂う小舟にすぎない。

集合的無意識は太古の昔から変わらない。世界各地で数々の神話を生み、おとぎ話や民話、宗教儀礼や民俗儀礼を生んできた。今でも、個人の見る夜毎の夢やイマジネーション、多くの人の心を捉える音楽、絵画、彫刻、陶芸、舞踊、演劇などの芸術、あるいは琴線にふれる詩歌や小説、ファンタジーあふれる映画などにしきりに姿を現している。ふだん気づかないだけで、そこには元型的モチーフがあふれている。

それだけではない。地上から絶えることのない戦争や紛争もきわめて元型的な現象である。憎悪や侮蔑をもたらす元型の影響をそこに見ることはたやすい。それは個人レベルの不和や諍いの背景にもなっている。ほかにも、乳幼児の心性、思春期の無鉄砲さ、男女の恋愛模様や結婚の成り行き、出産と子育ての苦楽、家族関係の悲喜こもごも、老いと死など、集合的無意識の影響を受けない生のできごとはない。

集合的無意識には、いわば、有史以前から今に至るまでの人類の経験に相当するものすべてが蔵されている。さらに、いまだ意識化されたことのない内容も入っているはずである。それくらい、集合的無意識の懐は広くて深い。そこにある状況や環境の多様性は驚くべきものである。なにしろ、集合的無意識の世界には種々雑多な住民が暮らしているのだ。夢やイマジネーションに登場するキャラクターの多様さを思い出してみればわかる。

そこには、まず人間がいる——古代の奴隷、中世の王や道化、近代の軍人など、さまざまな時代や民族や階層の人間が。数々の動植物や微生物も当然、生息している。土壌や鉱物、洞窟や山や谷、河川や湖沼や海、雨や雪、光や火、森や林、空気や風、太陽や月や星々も存在する。無生物、魂をもたないものでも、集合的無意識の世界においては生命や徳を有していることが珍しくない。

また、集合的無意識の領域には、非現実的なもの、想像上のものも存在する。魔法使い、魔女、呪術師などはもちろんのこと、神々や諸仏、天人、悪魔、魔物、妖精、妖怪、怪物、巨人、小人などもいる。しかも、世界は一つではない。天国や地獄や煉獄、地下世界や天上都市、数々のパラレル・ワールドさえあるだろう。これら数多ある別世界にも、それぞれを棲処とする住民がいるわけである。

全体としての心は、想像がおよばないくらいの空間的、時間的な広がりをもっている。そして、そうした多元的な時空のなかに、まさしく無数としか言いようのないほどの住民が暮らしているのである。この世で万人が分け隔てなく幸福になる権利をもっているのと同じように、集合的無意識に棲む住民たちも幸福を追求していけないはずがない。

自我はたしかに特別な存在である。この世での個人の生をつつがなくまっとうさせるため、心全体の中心である至高の元型、セルフから全権委任を受けている。それは自我でなければ担いきれないミッションである。しかし、だからといって、無意識の領域の住民の存在を無視したり軽視したりすることは許されない。自我には、彼らの福祉と安寧を考慮する義務がある。さもなければ、心の全体性が実現されることはない。

第六章　類心的イマジネーション

アクティヴ・イマジネーションから類心的イマジネーションへ

アクティヴ・イマジネーションは、心身のさまざまな問題を治療したり、心身の健常な働きをいっそう創造的なものにしたりするために、臨床の場で活用されている。病理的な面を扱うにせよ、非病理的な面を扱うにせよ、その応用範囲は広く、個性化のプロセスに資するところ大である。そして、そのなかには、アクティヴ・イマジネーションによるアプローチがとくに適した領域がある。

アクティヴ・イマジネーションでなされるのは、意識による無意識との折衝、とりわけ集合的無意識との折衝である。集合的無意識においては、その構成要素である諸元型のもつ無時間性、無空間性ゆえに、時空に絶対性がない。アクティヴ・イマジネーションでは、相対性のある時空のなかで、あるいは相対性のある時空そのものに対して、直に折衝することができる。

ここに、このイメージ技法ならでは強みがあると私は思う。

何度も述べてきたように、トラウマ系や発達系は、時空の歪みにまつわる問題に苦しめられている。だから、本質的に時間や空間に縛られることのないアクティヴ・イマジネーションを使う。そうすれば、時空の歪みという問題に直接アプローチできる。なにしろ、アクティヴ・イマジネーションの世界では、条件さえ揃っていれば、タイムスリップをしようがテレポーテーションをしようが、何の妨げもない。融通無碍である。

アクティヴ・イマジネーションにおいては、集合的無意識との交流のなかで、時間や空間の変容がしばしば生じる。この現象を細心の注意を払って利用するなら、病理的な現れ方しか見せなくなっている時空に、本来の働きを取り戻させることができるだろう。いかなる症状も癒しや成長という合目的性を根底に有していることをここで思い出してほしい。歪んだ時空も使い方しだい。じつは、癒しや成長の力が含まれているのだ。

誤解しないでほしいのだが、いま述べている時空をめぐってのアクティヴ・イマジネーションは、いくつかの限定つきの特別版である。一般的な原則からは逸脱するところが多い。逸脱どころか、原則とは正反対とさえ言える立場の変更も含んでおり、従来のアクティヴ・イマジネーションに関する見方からすれば明らかなルール違反となる部分がある。ついては、無用な混乱を回避するため、この非定型的なアプローチは類心的イマジネーションと呼ぶことにしたい。

なぜこの名前で呼ぶのか。「類心的」という語は、人の存在の奥底にある心理的とも身体的とも言えない領域を指すときに使う。この異形の形容詞を冠したいのは、類心的な領域を中心に個性化のプロセスを歩んでいる人たち、すなわちトラウマ系、発達系、身体系を主たる対象として想定しているからである。類心系のためのアクティヴ・イマジネーションの変法と考えてもらえばよい。

話を戻そう。ここでは、類心系に対して、時空の歪みがおのずから変容していく器としてのアクティヴ・イマジネーションを提供したいと考えている。時空の歪みという貴重な原料に、弱火で熱を加えて内圧をゆっくり高め、一定の期間、維持しながら、そこに内在している本来の治療的、成長促進的なプロセスを穏やかに引き出す。それが類心的イマジネーションである。

類心的イマジネーションが「非定型的なアプローチ」であるというのは、通常のアクティヴ・イマジネーションでは時空の歪みなど利用しないからである。定型的なアプローチをとる場合には、時空の歪みがわずかでも感じられようものなら、リアリティを見失いかねない危機として警戒し、自我に破壊的な影響が及ぶのを回避しようとするだろう。ときには、アクティヴ・イマジネーションそのものを中止することさえある。

類心的イマジネーションは、その意味で、掟破りである。しかし、掟というものは、必要なときに破るためにある。それゆえ、類心的イマジネーションを用いるにあたっては、経験豊かな分析家や心理療法家が見守り手として寄り添っていなければならない。イマジナーの充分な現実検討力や健康な二重見当識（老松、二〇一〇）が保たれているか、つねに厳しくチェックしている必要がある。

類心的イマジネーションにおいては、時間や空間の歪みが魔術的な感覚や超常的な事象として表現される。そして、そうした感覚や事象に対する自我のアクティヴな関わりを通して、心と身体のあり方が再構築されていく。このとき、内的にのみならず外的にも、超現実的、非現実的なできごとを体験しやすい。そこにも充分な目配りを怠らないことが見守り手には求められる。

なお、前章で、アクティヴ・イマジネーションのなかの「私」は等身大でないといけない、スーパーマンであってはならない、と述べた。あれは一般的なアクティヴ・イマジネーションでの注意事項である。ふだんから時空の歪みを体験している人の場合は、むしろそこに等身大の自分がある。しがたって、イマジナーが呪力や異能を示したとしても、ある程度は許容される。ただし、時空の歪みそのものは病理的であり、強化してはならない。なすべきは、時空の歪みを歪みとして充分に意識しながら、そこにしまいこまれている本来の治療的展開を引き出すことである。

初期夢や初期ヴィジョンにおける時空

類心的イマジネーションのいちばんの特徴は、時間や空間の相対性をどう経験し、いかに生きるかが主たる課題となることである。とくに、イマジネーションの継続的シリーズのなかでこの課題に向き合っていくことに、この技法の他に類を見ない意義がある。もっとも、イメージ技法に携わる者なら、無意識の深層に由来する時空の相対性そのものには案外しょっちゅう出会っているはずである。

なんとなれば、私たち心の臨床家は、初期夢や初期ヴィジョンの特別な重要性をよく知っているではないか。そこには、たしかに、時空の超越を垣間見ることができる。なお、ここでユングの用語法に倣って「ヴィジョン」と呼んでいるのは、視覚的なアクティヴ・イマジネーションの内容のことである。ちなみに、アクティヴ・イマジネーションは、かつて「ヴィジョニング」と呼ばれていた時期もあった。

初期夢や初期ヴィジョンは、夢やイマジネーションを記録しはじめた当初に経験するイメージを指す。記録開始後の最初の分析や面接のセッションまでに経験されるイメージがとりわけ重要だが、かならずしも初回のみに限定する必要はなく、はじめの数回までのものを初期夢、初期ヴィジョンと見なして差し支えない。「当初」とはその謂いであり、厳密に期間が決められているわけではない。

初期夢や初期ヴィジョンが特別なのは、夢見手やイマジナーに関する情報が、過去に関すること、現在に関することから、遠い将来に関することまで、高度に凝縮された象徴的なかたちで描き出されているからである（Jung, 1997）。そういう不思議な現象があるのだ。イメージを用いて面接を行なう臨床家は、すべからく、そこからたくさんの情報を読み取って見立てをし、あとの方針を決めている。

初期夢や初期ヴィジョンから読み取れる、夢見手やイマジナー（今はアナリザンドと呼ぼう）に関する情報として、以下のごときものがある。アナリザンドが現在抱えている葛藤の内容と本質。アナリザンドの人生のエポック。葛藤の解決のために必要な要素。そして、そのような要素を獲得できた場合、あるいはできなかった場合に生じうる変容。だいたい、以上のような情報である。

ここでは、アナリザンドの過去や未来に関するさまざまな情報が、無意識からのメッセージのなかにギュッと凝縮され、時空を超えて今現在に届いている、という点に着目してほしい。ただし、過去に関することはともかくとして、未来に関することはあくまでも可能性である点には注意が必要である。将来そこに示されている状態になることが確定しているわけでも、保証されているわけでもない。

初期夢や初期ヴィジョンに入っている未来の情報は、予感、先取りである。予言ではない。

ユングの譬え（Jung, 1997）を借りるなら、これは、はるか遠方にある旅の目的地を一瞬、望遠鏡で垣間見た状態である。目的地はすぐ目の前に見えており、じきに到着するかのように感じられるが、実際はそうではない。目的地までのあいだには、いくつもの峨々《がが》たる山嶺が聳《そび》えており、深い峡谷も横たわっている。

とはいえ、望遠鏡による視野と肉眼による視野とを混同しさえしなければ、この予感、先取りは非常に役に立つ。たどり着ける保証はないものの、少なくともそのような目的地があることは明瞭に示されているからである。あとは努力しだい。そうした前提条件があることさえわかっていれば、私たちはそこに信ずべき未来を見て取ることができる。

ユングは、初期夢や初期ヴィジョンに見られるこの種の時空の超越をめぐって、『チベットの死者の書』を引き合いに出して説明している（Jung, 1997）。『チベットの死者の書』は、チベット密教でたいせつにされてきた、いわゆる枕経の一つである。枕経とは、死者を寝かせた枕もとで唱えられる経文で、死者の霊魂に解脱するためのコツを説いて聞かせることを目的としている。

この経典によると、死後まもなく、死者の霊魂は、はてしない暗闇のなかに一つの光を見出す。霊魂は引き寄せられるようにその光に近づいていくが、接近するにつれて、それが途方もなく巨大で、尋常ならざる明るさで輝いていることがわかってくる。じつはそのまま進んでいけば解脱できるのだが、徳のない死者の霊魂はあまりの明るさに恐れをなし、近づくことができない。

ふとまわりに目をやると、離れたところに、少し暗めの光が輝いているのが見える。霊魂は最も明るい光から離れ、ふらふらとそちらへ向かっていく。これで解脱できる可能性は潰えたが、二番目に明るい光に至ることができれば、まだしも天界か人間界に生まれ変われる。ところが、死者にはこの光でさえまぶしすぎて、もっと暗い光のほうへと方向転換してしまう。こうして解脱からどんどん遠ざかり、へたをすると畜生界や地獄界に再誕することになる。

ユングによれば、初期夢や初期ヴィジョンは、死者の霊魂が最初に出会う最も明るい光に相当する（Jung, 1997）。この光はダルマカーヤ（法身）と呼ばれていて、密教の中心的な仏、つまり大日如来の本体である。夢やイマジネーションで最初に湧き上がってくるイメージは、心の最深層にある私たちの存在の中心、あるいは私たちの存在の全体性そのものに由来する、最高の霊薬《エリクシール》にほかならない。問題の本質から解決法まで、そこにはすべての知恵が含まれている。

「時間の逆転」から「当たってから撃つ」へ

初期夢と初期ヴィジョンに含まれている情報とメッセージをすべてを読み取り、いっさいを意識化できたなら、それだけで分析や心理療法のプロセスは完了するだろうが、そうは問屋が卸さない。人智には限界がある。それゆえ、意識化からこぼれ落ちた部分を経験するためのセッションを重ねることが必要になる。

ところが、初期夢と初期ヴィジョンの予感や先取りに近い現象が、じつはその後もときどき起きることがあるとしたらどうだろう。私は、いくつかの条件が揃えば、そういうこともありうると考えている。ここで言いたいのは、アクティヴ・イマジネーションのなかでときに経験される「時間の逆転」現象のことである。

時間の逆転とは、現在のできごとが過去にも経験されていたこと、あるいは未来のできごとが現在のできごとに先行して経験されることを指す。いわゆる既視感（デジャヴ）に近い現象と考えればわかりやすいだろう。まだ知らないはずのことをなぜか知っていて、その内容の正しさに根拠のない確信があるのである。具体例があるほうがわかりやすいかもしれないので、ユングの『ヴィジョン・セミナー』から引用してみよう（Jung, 1997）。これは、ある女性アナリザンドが取り組んだ一連のアクティヴ・イマジネーションについてユング自身が丹念に解説した、足かけ五年間のウィークリー・セミナーの記録である。そのイマジネーションのなかに次のような一節がある。

地面にナイフがころがっているのが見えた。私はそれを拾い上げて、山腹の長い小径を降っていった。麓の町に着いた。歩いていると、扉に血で十字のしるしが書いてある家のところに来た。私のナイフでその扉に触れると、扉は開いた。なかには暗い部屋があった。その隅では火が燃えていた。火のなかには、たくさんの黒焦げになった蛇の死体が見えた。私は蛇の灰をいくらか取って、左の掌に擦りつけた。そして、ナイフを赤く灼けるまで火に入れた。それから、その家の屋根にナイフで触れた。すると、家全体が崩れ去った。私は傍らで火が燃えている夜の砂漠にひとり立っていた。

どうだろうか。今の私たちの目的はイマジネーションの内容を解釈ではないので、前後のストーリーやその説明は省略するが、ここでイマジナーが不可思議な確信をもっているように思われることに注目してほしい。拾ったナイフで触れることによって扉を開けたり、蛇の灰を手に擦り込んでから灼けたナイフで屋根に触れて家そのものを倒壊させたりしても、まったく平然としている。あたかも、そうすればよいこと、そうなることをあらかじめ知っていたかのようである。「時間の逆転」のさりげない現れと言ってよいだろう。

時間の逆転の発生は、時間の流れの直線性や方向性に関する絶対性が失われたことを意味する。これには、時間の構造が歪んでいる場合もありうるし、時間の超越がなされている場合もありうる。ここにあげたのはマイルドな例だが、こうした予感や先取りに近い現象のもう少し極端なものは、いつでも誰にでも生じるというわけではない。「いくつかの条件が揃えば」と述べたとおり、一部の人のアクティヴ・イマジネーションにのみ見られる。

「一部の人」とは、トラウマ系、発達系、身体系の三系、つまり類心系に属する人たちのことである。実際、『ヴィジョン・セミナー』のイマジナーもトラウマ系だった（Douglas, 1993, 1997,

老松、二〇〇〇)。トラウマ系は既視感を体験することも比較的多いし、類心系にとって、予感や先取りは珍しいことではない。初期夢と初期ヴィジョンに予感や先取りがとくに明瞭に見られるというユングの指摘は、主として神経症圏の人ないし人格系の人に、換言すれば心系個化のプロセスを歩もうとしている人に当てはまる特徴と考えるほうがよいかもしれない。類心系には常時、発生しうることなのだから。

類心系のアクティヴ・イマジネーションにしばしば見られる時間の逆転は、病理的な時間の歪みを感じさせることが多い。しかしながら、自我のアクティヴな態度をつねに保つよう確認しながら、丁寧かつ慎重にイマジネーションを続けるうちに、時間の超越と見なしうる状態に変容していく例に稀ならず出会う。そこに私は注目している。「時間の逆転」という時間の歪みがその超越へと変容した場合、譬えて言うなら、「当たってから撃つ」という感じになる。

時間の歪みと時間の超越は一見よく似ているが、じつはまったく質が異なる。前者は、ただならぬ未来の予兆に苛まれたり、過去の姿なきものからの襲撃を受け続けたりするところに特徴がある。対照的に後者は、過ぎ去った展開やのちに起きるはずの展開をしっかり見据えて、それをふまえながら確実きわまりない選択とまちがいのない行動をすることができる。ここであげた『ヴィジョン・セミナー』からの引用には、「時間の逆転」のみならず、「当たってから撃つ」の萌芽もある。まだまだ無意識的ではあるのだが。

時間のパラドックスのうえに成立する、こうした時間の歪みから時間の超越への変容は、じつは、類心系の抱えている手強い葛藤の解消や癒しにつながるという非常に重要な可能性を秘めている。その実際の様相については、第七章および第八章で紹介する事例を通して説明することにしたい。

「時間の凝縮」から「履歴を読む」へ

さて、類心系のアクティヴ・イマジネーションにしばしば見られる時間の歪みは「時間の逆転」ばかりではない。もう一つ、代表的と思われる時間の歪みのかたちをあげるとすれば、「時間の凝縮」ということになろうか。「時間の凝縮」とは、時間の流れにムラができて、あるところに集積し、歴史や経緯の記憶が凝り固まることを指す。その「あるところ」には、たとえばフラッシュバックを引き起こすようなコンプレックスが形成されていると考えることもできるかもしれない。

これも抽象的な説明ではわかりにくいだろうから、やはり『ヴィジョン・セミナー』に出てくるイマジネーションのマテリアルからの引用を例示する（Jung, 1997）。

私は岸辺に立っていた。足もとに、水中から一匹の魚が飛び出してきた。私はそれを拾い上げ、その口に手を入れて黒い原石を取り出した。その石を胸に押し当ててこすると、琥珀になった。琥珀のなかには、苦悩に満ちた顔が見えた。私はローブの胸のところにその琥珀を入れて、歩いていった。

この場面には、まず、前節で述べた「時間の逆転」に関係する、先取りないし予感と根拠不明の確信が見て取れるように思われる。何の迷いもなく、魚の口に手を入れて石を取り出しているところ、そして、胸に押し当ててこすることでその石が琥珀に変化してもさして驚いていないふうであるところ。そういったところに、すでにどこかで成り行きがわかっていたような「時間の逆転」の印象がある。さらに言うなら、「当たってから撃つ」という行動にも近い。

しかし、ここには、それにとどまらず、「時間の凝縮」も感じられるのではなかろうか。琥珀のなかに見出された、苦悩に満ちた顔。イマジナーの素性やそれまでのイマジネーションのストーリーについて述べていないのでわかりにくいかもしれないが、琥珀のなかに大昔の植物や昆虫がまるで生きたままのような姿で封じ込まれているのと同様に、その顔は、イマジナーの長年にわたる苦悩の積み重なりを端的に表している。琥珀は種々のコンプレックスを象徴するすぐれたイメージである。

少し続きを見てみよう。

そのとき、私は琥珀が強く脈打っているのに気がついた。私は疲れを感じ、大地に横たわった。それはそこで大きな心臓のように拍動しており、まもなく、大地やあたりの木々までもが脈打つようになった。私はいたるところに鼓動を感じはじめた。…私は気がついた。私の血を注がなければ琥珀は打ち砕けないのだ、と。そこで胸を切って血を滴らせると、琥珀は消え失せた。それがあったところには、革紐で縛られ、たくさんの矢が刺さった、ひとりの男が立っていた。私は矢をできるだけそっと抜き取り、彼の縛《いましめ》を解いた。

興味深いところの多々ある展開だが、今は細かい点にこだわるのはよそう。肝心なのは、琥珀がイマジナーの脈打つハートそのものであり、彼女の数多の傷を含んでいるということである。イマジナー自身の負ってきた深いトラウマが、ずっと琥珀のなかに閉じ込められてきた傷だらけの男によって象徴されている。彼はイマジナーの身代わりとなって苦を受け続けてきたのである。

ここでは、いわば、イマジナーのトラウマが解凍されている。そして、そのトラウマにまつわる長い歴史と経緯が繙《ひもと》かれようとしている。「時間の凝縮」がなされているコンプレックスのたどってきた「履歴を読む」作業がはじまりつつあるのだ。「時間の凝縮」そのものは、かならずしも病理的ではないだろう。時間の歪みとはかぎらない。けれども、「時間の凝縮」は、ここでの琥珀というイメージと同じように、いつまでも生々しいフリーズされたトラウマとつながっていることが少なくない。

「履歴を読む」作業は、いわゆるサイコメトリーに似たところがあるかもしれない。サイコメトリーとは、臨床心理学や精神医学の領域では心理検査のことだが、いま述べているのはそういうものではない。物質や生き物に刻み込まれている見えない記憶を読み取る、超常的な能力のことである。たとえば、石ころを手に持つと、その石が大昔にどのようにして形成され、その後の時間経過のなかでいかなる風化作用を受け、どこを転がったり流されたりしてきたのか、たちどころにわかってしまう。

この世の現実においては、そんな能力や現象など眉唾ものだと思う人が多いにきまっているが、いま扱っているのは、あくまでもイマジネーションの世界でのできごとである。類心的イマジネーションにおいては、ユングのアナリザンドがそうだったように、サイコメトリー的な能力や現象が少なからず体験されることがある。

本節では、類心系の時間にまつわる歪みとその超越を論じた。その主なものは二種類。一つは、「時間の逆転」から「当たってから撃つ」への展開。そして、もう一つは、「時間の凝縮」から「履歴を読む」への展開である。こうした展開によって、類心系の抱えている時間の歪みは、時間の超越へと変容する可能性がある。そして、そこに、トラウマに対する癒しの可能性が秘められている。

類心的イマジネーションには、時間にまつわる歪みと超越のみならず、空間にまつわる歪みとその超越も見出せる。次節と次々節では、その点について述べることにしよう。ただし、時間と空間は別個のものではなく、不即不離。それゆえ、空間的な歪みと超越を時間的なそれから明確に区別して示すことは難しい。本節と前節で述べた時間をめぐる問題は、これから述べる空間をめぐるそれと表裏一体の関係にあるものと考えられたい。

「空間の濃淡」から「隅々まで有魂化する」へ

時間の問題については、初期夢、初期ヴィジョンに秘められている不思議な予期の力から説き起こしたが、空間の問題についても、初期夢、初期ヴィジョンの妙からはじめたい。初期夢、初期ヴィジョンの舞台となる空間に注目してみよう。その舞台は、以後の一連のイマジネーションのスタート地点になるわけだが、いったん歩み出したらそれでおさらば、ではない。そこには、内なる旅の途中で何度も立ち返ることになる。

二度目、三度目に戻ってきたとき、そこの風景は、スタート時点のものとは一変しているかもしれない。けれども、土の感触や空気の匂いなどから同じ場所にまちがいないことがわかる（夢でも、そういうことは起きる）。アクティヴ・イマジネーションにおいて見られる、この反復的な再訪という現象に関しては、ユングのいう螺旋のプロセスという考え方（Jung, 1997）が理解の参考になるだろう。

平原にシンプルな円柱型の高い塔があって、その内部には壁に沿って階段がついており、そこを上り下りする人が外を眺められる窓が各階の東西南北にあるとしよう。個性化はこのような螺旋階段を上っていくようなものだ、とユングは言う（Jung, 1997）。自分がその階段を上っていくところを想像してみてほしい。そこでは、少しばかり興味深い経験ができる。つまり、こうである。階段を上に進んでいくうちに、窓からはまず東の風景が見え、ついで南、さらには西、それから北の風景が見えて、再び東の風景が見えることだろう。見覚えがある東の風景である。しかしながら、前と比べると、若干のちがいがある。というのも、螺旋を一周しているので、同じ東の風景といっても、はじめは一階の窓からの眺め、次は二階の窓からの眺めなのである。

同じような風景であっても、視点が高くなっている。そして、二周目、三周目と続くうちに、さらに視点は上がり、東の風景はずいぶん遠くまで見わたせるようになるだろう。螺旋とは、上昇する円運動である。個性化は、螺旋運動のように、くりかえし似た葛藤に出会うなかで少しずつ高度な視点を獲得していくプロセスにほかならない（Jung, 1997）。

実際のアクティヴ・イマジネーションのシリーズを見てみると、イマジナーが何度もスタート地点を再訪しているのがわかる（老松、二〇〇四b、二〇〇四c）。厳密に言えば、再訪するのはスタート地点だけではない。螺旋状に進めば、東の風景のみならず、南や西や北の風景にもくりかえし出会うのだから。スタート地点は印象的で思い出しやすい、というだけのことである。

アクティヴ・イマジネーションにおける空間には、以上のような特徴があるわけだが、そうした空間の経験に変化が生じることがある。時間の経験についてと同様、空間の経験についても、病理的で混乱しているものと非病理的で高度なものとがあるのである。病理的な体験のほうは、「空間の濃淡」ならびに「空間の重なり」とまとめればわかりやすいかもしれない。

順に説明していこう。まず「空間の濃淡」についてだが、これは、アニミズム的とでもいうべき退行を通して空間が部分的に生命性を帯びることにより、空間の一部に濃厚な気配が感じられたり、遠近が曖昧になったりする経験を指す。風景やキャラクター、あるいはイマジナー自身が伸び縮みしたり、空間そのものが呼吸したりしているかのようにもなる。アニミズムとは、さまざまな生物や無生物が魂を有しているとする立場のことで、心が原初的で未分化な状態に戻ったとき（退行したとき）に生じやすい。そうなると、山川草木や石ころが言問うことになる。

「空間の濃淡」は、かならずしも病理的なわけではないが、やはり類心的レベルで苦しみを抱えている人に起こりやすい。トラウマ系なら、部屋の片隅や自身の背後に得体の知れないものの影をしばしば感知する。しかしながら、興味深いのは、そうした空間の歪みの体験も、個性化のプロセスを歩むうちに空間の超越へと変容していく可能性があることである。少しわかりにくいかもしれないので、時間の超越の経験を表す「当たってから撃つ」になぞらえて説明してみよう。

「当たってから撃つ」という場合、ふつうにイメージされるのは、矢や銃弾が標的に向かってまっすぐ飛んでいって、あらかじめわかっていたとおりに命中する図ではなかろうか。しかし、これだけでは、時間の変容体験が入ってはいても、空間の変容体験は含まれていない。これが空間の超越となると、同じ「撃つ」でも、イメージはかなりちがってくる。

いうなれば、放たれた矢や銃弾は、かならずしも最短距離を直線的に進んでいくのではなく、大きな弧を描いたり不規則な軌道を描いたりして飛んでいき、どの方向からでもみごと的中する。しかも、矢や銃弾がそのような動きをするのは、空間の濃淡のせいのように見えるが、もはやそうではない。変容して高次化した空間のほうがイマジナーに感応し、自律的に道を用意するのである。

この種の空間の超越については、「隅々まで有魂化する」とでも特徴づけられるだろうか。譬えが卑近かつ古くて恐縮だが、以前、『コブラ』（寺沢武一、集英社）というマンガがあった。主人公コブラの腕に装着されたサイコガンから放たれる光線は、彼の精神が充実していさえすれば、勝手にグネグネッと曲がって障害物を回避し、標的に命中する。まさにあれである。私には、あれも、光線ではなく空間のほうが感応しているように感じられる。

例によって、『ヴィジョン・セミナー』のイマジナーの体験から引用してみよう（Jung, 1997）。ややや難解だが、きわめてイマジネーションらしい、興味深い場面である。

豹は大きな音で笛を奏でた。その木に向かって飛んでくるたくさんの鳥のために、空は暗くなった。鳥たちは大声で叫んだ。「見よ。彼は来たりぬ」。私はひとりの男が木に向かって歩いてくるのを見た。

彼の衣は濃い青色で、その顔立ちはとても美しかった。彼は言った。「私は私の声が語りかけてくるのを聞いた」。豹は彼の足もとに笛を落とした。男はそれを拾い上げて、歩いていった。

鳥たちの言葉の神話的な表現様式からもわかるように、濃い青色の衣をまとった美しい男は神である。そして、樹上の豹が奏でた笛の音こそ、この神の声にほかならない。じつはそれは、老いた瀕死の神から豹が奪い取ってきたものだった。古い神は、青い衣の新来の神として更新され、生命力を取り戻す。豹は再生する神のさきぶれ的な存在であり、神自身のもう一つの姿と考えてよい。

ここで注目してほしいのは、笛の音によって空間の質が一変した点である。鳥が魂や霊の象徴であることはすでに何度か述べてきた。空が一面に暗くなるほどの変化である。いわば、ある意味で退行的だったそれまでの濃淡ある空間が、一気に隅々まで有魂化されたことがわかる。そのような変容のなか、神の声は外から彼のもとに届いた。変容した空間全体が感応し、声の媒体として、物理的にはありえない自律性を発揮したと考えられる。再生しつつあった神は、こうして、みずからの霊的な力に満ちた声を取り戻した。

「空間の重なり」から「彼方まで重ね見る」へ

続いて、歪んだ空間体験の二つ目、「空間の重なり」についてである。これは、イマジネーションの展開する空間が複数化し、それら諸空間が個別性を保ちながら同時進行したり、相互に浸透して混じり合ったりするような体験を指す。この「空間の重なり」に関しても、深い病理を感じさせるものから高次の統合性を感じさせるものまで、かなりの幅がある。

病理的な「空間の重なり」においては、複数の空間が何の前ぶれもなく不意に入り混じり、状況は混沌の度を増すことになる。たとえ混じり合わないにせよ、次から次へと異なる空間に遷移し続け、しかもそれぞれの物語が分岐を繰り返すようになると、もはやもともとの空間が断片化したにも等しく、いったん戻ることさえ叶わない。イマジナーの自我もそれに応じた断片化をきたす危険がある。

しかし、そのような歪みを感じさせる空間の重なりだったものが、イマジネーションのプロセスを進んでいくうちに、やはり空間の超越への変容を見せることがある。その場合には、たとえば、イマジネーションが入れ子状になったり（私はこれを「入れ子ヴィジョン」と呼んでいる）、個人的空間と元型的空間の効果的なインタラクションが生じたり、もとの場所から離れることなく遠近のさまざまなことが見通せるようになったりする。

イマジネーションのなかに別の小さなイマジネーションが生じてくる入れ子ヴィジョンは、ちょうど劇中劇のような感じである。イマジネーションのなかで夢を見るとか、イマジネーションのなかでファンタジーに耽るなどといったパターンが多い。私の経験から言うと、入れ子ヴィジョンは解離傾向のある人に生じやすいように思われる。

しかし、案外、これは役に立つ。もともとのイマジネーションでは容易に扱えない問題を、もう一つの小さなイマジネーションのなかに機が熟すまで離し隔てておくこともできるし、それまでとは異なる条件下で別の道具立てにより新たな解決を模索することもできるからである。どうしても向こう岸へ渡れないときに、材料をよそから調達してきて橋をかけるようなものである。

ちなみに、比較的これに似たことをする方法として、ジョイント・アクティヴ・イマジネーションがある（Spiegelman, 河合、一九九四）。いろいろなやり方があるが、たとえば、ふたり（通常は分析家とアナリザンド）が共通のテーマで別々にイマジネーションを行ない、アナリザンドが自力で対処できない障害物を分析家の用いた手段をヒントにして乗り越えていく。変な言い方だが、入れ子ヴィジョンは、ひとりジョイント・イマジネーションのようなものである。

個人的空間と元型的空間のインタラクションについては、入れ子状でない、ひとりジョイント・イマジネーションのかたちでの空間の超越と考えればよい。通常のイマジネーション空間で扱いきれない問題をいったんもっと元型的なイマジネーション空間にもちこんで、加工作業をしてから、再びもとの空間に戻ってあらためて取り組む、という展開である。一時的に、水準の異なる二つのイマジネーションの同時進行となる。

つまり、あるイマジネーションの進行中に、一見それとは無関係に、水準のちがう別のイマジネーションがはじまり、そのうちに、並行して続いていたもとのイマジネーションに合流する。通常のイマジネーション空間には生育歴などの関係で欠乏している要素が多々あるが、元型的なイマジネーション空間には探せばすべてが揃っているので、足りない要素を必要なかたちにしてもってくるのである。

ここでも、『ヴィジョン・セミナー』から具体例をあげてみよう。

私は黒い壁の前に立っていた。目に向かって、「どうやってこの壁を乗り越えたらいいのでしょう」と言った。目は内向きに、それ自身の側へと回った。私も自分の目を内向きに回した。すると、私自身の内部に、一本の成長しつつある木が見えた。それから、再び外向きに壁を見ると、一本の木がその近くで成長しているのが見えた。私はその木のほうへ歩み寄った。それは枝のなかに私を抱えて、壁の向こう側へと持ち上げてくれた。向こう側に、私はひとりの老人を見た。私は彼の目のなかを覗き込み、そこに、もがき苦しむ人体でいっぱいの大河を見た。数人の男が土手に立っており、急流のなかでもがいている者たちに大声で呼びかけた。水がいくつかの魂を土手に投げ上げた。それから、そこに立っていた男たちが彼らを抱え上げ、彼らに一つの星と一つの太陽を見せた。これを私はその老人の目のなかに見た。老人は「わかったな」と言うと、大地のなかへ沈んでいった。

イマジナーの前に立ちはだかる黒い壁には、一つの目と一つの星がついている。彼女には、当面、越え難いハードルである。そのとき生じたのは、イマジナー自身の内なる空間と外なる空間との重なり、さらには老賢者の内なる空間との重なりだった。複数の空間の境界があやふやになり同一視されるのは、一般的には危険な徴候と見てよい。しかし、ここでは、複数の空間のあいだで相互の照応が起き、イマジナーには、意識化（呼び声に気づく）や個性化（みずからの運命の星を目指す）の重要性に対する洞察が生じている。

このようにして、今いる場所から離れることなくはるか遠くまで見通せる、というかたちの空間の超越が起こりうる。空間が重なり合い相対化されれば、遠い／近いのちがいはほとんどない。そのため、「みずからの運命の星」など、無意識領域のはてまでめぐる旅をするような場合でも、実際にはほとんど移動することなく、次々と新たなステージ（段階ないしは場面）へと遷移できるだろう。

アクティヴ・イマジネーションにおける長い冒険の旅では、往路も困難を極めるが、復路もまた難しい。重要なのは無事の帰還。戻れなければ意味がない。だから、途中でどこかにアンカーを置いていく。目的達成後、それを目印に帰路に就くわけである。空間が相対化されると、最小限の移動でステージが切り替わるようになるので、アンカーに戻ってきやすい。その分、無事な帰還の確率が高まる。さらには、それを見越して、思いきった冒険にも挑戦しやすくなる。空間の超越の意義は大きい。

では、「空間の重なり」という歪みからその超越に至る変容の本質についてどうまとめればよいだろうか。短く言い表すのはなかなか難しいが、「彼方まで重ね見る」としておきたい。すなわち、眼前に多くの空間を束ねて重ね合わせ、それを透かして、近くから遠くまでいっさいを見通すような感じである。それぞれに何かのできごとの絵が描いてある透明な板が何枚も重ねて眼前に垂らされているのに等しい。近くのことも遠くのことも、異空間のできごとも、手に取るようにわかるだろう。

本章の最後に、一つ注意を促しておきたい。空間の超越が生じるようになると、前章で少し述べた、静止画的なイマジネーションのもつ意義が変わってくる。イメージが静止画なら、一般的にはエネルギー不足である（Hannah, 1981, Jung, 1997）。それゆえ、凝視するなどして心的エネルギーを注入し、動画にしなければならない。ところが、「彼方まで重ね見る」状態になると、イメージはおのずから静止画に近くなる。この場合には充分なエネルギーが満ちている。

第七章　類心的リアリティと時空の超越

類心的イマジネーションのスタート地点

本章と次章では、類心的イマジネーションの一年弱にわたる実例をあげ、時空の歪みがどのようにしてその超越へと変容するか、そしてそのとき何がどう救われ癒されるかを見ていきたい。前章で引用した『ヴィジョン・セミナー』からの例とちがい、今度のは断片ではない。このマテリアルは、一五年ほど前、アクティヴ・イマジネーションをはじめて本格的に紹介した際に、そのなかの一冊で扱ったことがある（老松、二〇〇四c）。いま再びそれをとりあげるのは、類心的イマジネーションの本質をこれほどみごとに教えてくれる事例が稀だからである。そしてまた、この事例なら、寄り道を余儀なくされることなく、類心的イマジネーションにおける時空の変容という本題に専念できそうだからである。

イマジネーションの事例を通して何か論じようと思うなら、その前に、織り成された物語の深層心理学的意味を説明しておく必要があろう。ところが、一連のイマジネーションのマテリアルともなると、まる一年に満たないものでさえ、充分に意味を解説するには本一冊分の紙幅を費やしても足りない。発展的な内容を付け加える余裕など、なおさらないのである。

窮余の策として閃いたのが、すでに解説ずみのマテリアルをもう一回使わせてもらうというアイディアだった。それなら、意味の説明は必要最小限ですませられる。旧著（老松、二〇〇四c）では、高度なアクティヴ・イマジネーションの驚くべき深さを明らかにすべく、この一連のマテリアルの全編をむらなく扱った。今回は焦点としない部分はサラッと通りすぎればよい。展開が少しわかりにくいかもしれないが、マテリアルのあいだに物語の解釈と類心的イマジネーションの解説の両方を長々と挟み込めば、まちがいなく興ざめになる。詳しい解釈が必要なら旧著を参照されたい。

なお、ここでとりあげるのはトラウマ系のイマジネーションのみである。本来ならば、発達系のマテリアルも論じたいところだが、両方とも中途半端な扱いになってしまうのを避けるため、今回は一例だけをじっくり検討することにした。発達系のイマジネーションにおける時空の超越については、かつて拙著の一つ（老松、二〇一四）で出口王仁三郎と彼の『霊界物語』（出口、一九九八〔一九六七〕）を論じたので参考にされたい。

では、イマジナーを紹介しよう。Gさん、二〇代の女性である。未婚で、ひとり暮らし。いつも「ここにいてはいけない」「みんなと自分のあいだに壁がある」と思って、「死にたくなる」。過食嘔吐、抑うつ、自殺企図の既往が何度かある。また、得体の知れない観念や予感が湧き上がってきて落ち着かないという。切迫感のようなものがしばし続いたのちに、あたりの様子がにわかに変容したり、記憶が途切れたりすることも。社会生活に決定的破綻をきたしたことはないが、切羽つまった状態を「どうにかしなくては」という焦燥感に駆られての来談だった。

週一回の本格的な分析（夢分析）の開始はX年四月からである。しかし、その二年前から不定期の来談があって、ふだんの適応状況はだいたいわかっており、関係もある程度できていたので、X年五月末からアクティヴ・イマジネーションを導入した。そして、Gさんの結婚と転居にともない翌年三月に終結を迎えるまで、およそ一〇か月にわたって報告されたのが以下に示す一連のマテリアルである。

なお、マテリアルの引用においては、可能なかぎりオリジナルの表現を尊重しているが、本書全体での表記の統一をはかるため、一部に変更を施した。また、私が注を付した箇所は［　］で、紙幅の関係でやむなく割愛した箇所は「――」で示している。さて、Gさんがアクティヴ・イマジネーションのスタート地点として選んだのは、非常に印象深かったという次のような夢である。

X年五月二四日（夢）

まっ暗なところ。たぶん実家のあたり。このへんにいる［図示］。とにかくまっ暗。星？　畑（田？）

のなかにたくさんの鳥がいる。私はそれを〝出す〟仕事をするらしい。方法は〝指をならす〟こと。パチンと指を鳴らすと、誰もいない夜空に奇妙に反響する。がらんどうのホールで手を叩くような感じ。その音が響く。鳥が舞い立つ。とにかく誰もいない。

これは一種の初期夢として重要なので、少し解説しておこう。夢見手は鳥を「出す」仕事をしなければならない。暗い闇夜。夜空に星々はない。そのかわりにいるのが地上の鳥たちだと思われる。夢見手の仕事は、指をならして、この地上の星々を舞い立たせること、夜空に上がらせること。これは、今から地上か地下でなされる作業が天空的な、つまり霊的な変容をもたらしうることを暗示している。そのとき、新しい意識（光）の誕生と運命（星）の変容が生じるだろう。それが夢見手のミッションである。

一方、繰り返しになるが、鳥は霊魂の象徴である。大地に縛りつけられているたくさんの霊魂たちを夢見手は解放しなければならない。地縛霊は非業の死を遂げた者の霊魂である。おそらくは、かつて同じミッションの道半ばであえなく敗れ去った夢見手自身にちがいない。Gさんは、苦境を脱するために、今回の分析以前にもくりかえし自力で個性化の道を進もうと試みてきたのだ。抑うつや自殺企図の既往はその証である。そのたびに斃《たお》れたこれまでのGさんがそこには折り重なっている。

夢で少々気になるのは、指を鳴らした音が「夜空に奇妙に反響する。がらんどうのホールで手を叩くような感じ」という箇所である。この空漠感は、累々たる屍の存在にしてもそうなのだが、夢の舞台が実家近くであることと関係している。守秘義務の関係でここでは詳細を述べられないが、幼少期からのトラウマ的な体験に対する絶望的な守りとしての解離を思わせるところである。この点を心に留めておいてほしい。

類心的イマジネーションのはじまり

Gさんのアクティヴ・イマジネーションはこの夢からはじまる。前にも述べたように、夢の続きというかたちでイマジネーションに入っていくのは容易でない。しかし、Gさんは持ち前の図抜けたセンスで、あえてその困難に挑んでいる。まずは、初期ヴィジョンとして、最初の三回分のマテリアルを提示しよう。

五月二六日

首を動かして、右上～背後、左のほうと見る。鳥がそういうふうに舞い立つので。バサバサと羽音が響いて、弧を描いて飛んでいく。二、三羽ずつ、連れだっていく感じ。先に飛んでいったほうも、まだ上空を舞っている。闇よりも濃いシルエットが見えるのでわかる。まだまだ鳥はいるのだろうが、今はこれくらいでいい。三回くらいかな。柏手《かしわで》を打つような音の響き方。自分はなんでこんなことをしているんだろう。知っている、という感じ。代表あるいは生け贄という感じ。みんなは寝静まっているのか、それとも息を潜めて閉じこもっているのか。人の気配はまったくなく、固く閉ざした黒い家が二、三軒見えるだけ。左手の奥に壁。このまま少し歩く。今向いている方へ向いて、西北へ。

六月三日

水の気配が濃い畦道《あぜ》？　不思議な感触。石の多い土の道。草も少し生えているだろう。右の方には、広く広く田か畑が広がる。…近寄ってみる。田のようだ。よく見えない。暗い。蛙。鳥はこれを食べる。緑色の小さな蛙が、道と田の境目にいる。跳んで闇に帰っていく。飛び立った鳥は、まだ一、二羽舞っているようだ。旋回する。大きな鳥だ。近寄ったら、おそらく両腕を広げたくらい。嘴《くちばし》がしっかりしている。左手は畑、その向こうには建物…。しかし、暗闇のなかのせいか、いやに遠く感じる。壁だけなのかもしれない。立ちはだかるもの。隔てるもの。しかし、空っぽなもの。これが音を響かせている。私はゆっくりと、ゆっくりと闇のなかを歩く。足音と感触。スニーカーを履いている。軽めのジーンズにTシャツのような格好。

［ある］家の前を通りかかる。死人がいる。今は、生きているものは眠り、死者が甦る時。なかには入らないが、私には見える。青白い光を放って闇を濃くする老人の影。青白い目をした中くらいの犬、黒い犬が門を守っている。怒っている。鎖につながっている。私がここにいるので、すごくすごく怒っているようだ。でも、大きさは普通の柴犬くらい。犬の息づかいと気配のみ。「何をしに来た。…何を

している」。老人が誰何《すいか》した。割れるような声。とても寒い。

六月四日

「探しに。役目を探しに」と私は答える。この家に入るべきかどうか迷っていると、突然、雷鳴のように声が轟く。「行け！　去れ！　連れていけ！」。見ると、さっきの犬が私の足もとに座って、私を見上げている。今、その目は赤く、落ち着いた赤から燃えるように光る赤まで、さまざまな赤にきらめく。私は彼の首輪をはずし、首筋に触って挨拶をする。ケルベロスは私のたったひとりの道連れである。彼には鎖も首輪もいらない。すべてを心得ているように見える。今、彼は大きく、堂々としている。漆黒の毛並みはつやつやと美しい。耳は立っていて、尻尾を立て、ふさふさと巻いている。脚は太く、爪の先まで真っ黒だ。

〝行こう〟。私が心のなかで促すと、彼も歩きはじめた。闇はますます濃くなっている。また羽音が聞こえた。よく見えないが、ときどきかなり低空まで来て旋回しているようである。歩みを止めて見上げるが、羽音は遠ざかり、すでに見えない。朝に向かっていると思っていたのに、背後の闇は濃くなる一方だ。ただし、いくらかは友好的な闇の湿度と温もりを頼りに、闇の光だけを頼りに、今しばらくはここを歩くしかないことはわかっている。ケルベロスはぴったりと私の右側に寄り添って歩いていた。闇は濃くなっていく。

鳥たちが、これまでに幾度となく個性化のプロセスの途上で力尽きたイマジナーの霊魂だとするなら、この死せる老人はかつてその道連れとなった者である。夢やイマジネーションのなかの異性像（男性像ならアニムスと呼ぶ）は、一般に、イマジナーとしての自我が準備不足でいまだできないことをかわりにやって見せたり、模範を示したりすることが多い。怒れる老人はそのようにして命を落としたのだ。

イマジナーはトラウマの犠牲者である。それと同時に、今回は、これまでに斃れた無数の自分自身の「代表あるいは生け贄」として死地に赴かなければならない。それは、イマジナーが力およばず死に追いやってしまったアニムスを弔うことでもある。このアニムスは死してなお、イマジナーの前に立ちはだかり、今度こそミッションを担える力があるかどうかを試している。

とても寒いのは、幼いGさんがフリーズした場所に近いからである。しかしながら、アニムスは今のイマジナーの力量を認めたらしい。自身の犬を連れていけと言っている。この黒い犬は、アニムスの本能的な側面を象徴する。かつてどこにどのような困難が待ち受けていて、アニムスやイマジナーがいかにして敗れ去ることになったかを知っている。道案内には最適だろう。

それにしても、イマジナーはここでなぜ力量を認められたのか。注目すべきは、イマジナーの先取り、予感のセンスである。たとえば、「自分はなんでこんなことをしているんだろう。知っている、という感じ」。本来もう少し先まで行かないとわからないはずのことがすでにわかっている。また、「何をしに来た」と問う老人に「探しに。役目を探しに」と答える場面もやはりそうである。イマジナーはもう先んじて自分の役目を知っている。ここには、イマジナーの鋭い直観を背景とする「時間の逆転」が見られる。

一方、「空間の重なり」も生じている。たとえば、死人の家の前にいて、「なかには入らないが、私には見える。青白い光を放って闇を濃くする老人の影」と綴られている場面である。これを、体外離脱的に視点が瞬時に飛んでいる（トラウマ系に多発）と見ることも可能だろうし、こちらの空間とあちらの空間の重なりが生じていると考えることもできる。破鐘《われがね》のような「割れるような声」も、そうした「空間の重なり」を暗示している可能性がある。

時空の変容の可能性と危険性

ここでの時間や空間の体験は、まだ手放しで喜んでよい段階には達していない。というのは、イマジネーションのスタート地点として選ばれた夢にも見られたように、ここでは空漠とした雰囲気が相当に強いからである。解離状態や離人状態を思わせるこのうつろな感覚は、イマジネーションのうえにも濃い影を落としている。闇よりも暗い闇があるのは、「空間の濃淡」があるからかもしれない。

時間や空間の体験が超越へと近づくにつれて、時間や空間は透き通ってくる。障壁が存在していても、桁外れに透過性が高まる。この初期ヴィジョンでは、すでに「当たってから撃つ」に近くなっているものの、的はいまだ抽象的である。「彼方まで重ね見る」にも近いけれど、なおも厳然として隔てられている。言い換えれば、時空の歪みからその超越に向けて純度を高めうる余地がまだまだある。この旅では、そこに期待したい。

イマジナーはこれまでに繰り返してきた個性化への挑戦から得た経験を活かして、すでに比較的良質な、変容した時空を生きてはいる。だが、トラウマはおそろしく手強い。時空の超越に至るには、まだしばらくかかるだろう。しかし、今回は、最も時空の変容を扱いやすい技法、アクティヴ・イマジネーションがある。それが心強い。

では、イマジネーションに戻ろう。イマジナーは、地獄の門番の名を持つ黒い犬（ケルベロス）とともに巨木の丘に至る。細く水の湧き出す祠を拝んだあと、巨木の根もとにあった穴から地下世界へと進んでいった。六月一九日のマテリアルを途中から見てみよう。

六月一九日

――今は下りだ。なんだか滑る岩の段を苦労して下り続ける。どうせ何も見えないのだからと後ろも見ずに足探りで下りていた私は、何かの心もとなさに振り返った。靴の先が…水だ。すぐそこまで水が来ていた。ここはこれで行き止まりなのだろうか？　水に手を入れると不思議な感触。何も感じないのだ。温度は完全に人肌だった。私は大きくその表面をかき混ぜた。その波紋に呼応するかのように、ビブラフォンのような音が響いた。もっと大きくかき混ぜると、音も大きくなる。〈何が望みですか?〉。その奥から若い男性の声がした。

中性的な声。「望みというほどのものは何も」。私は答える。〈では、なぜ私を起こす?〉。「恐れ多いこと…それとも知らずに」。〈よい…久しぶりのこと。いずこへ〉。「わかりません。今は進むのみで」。含み笑い。〈心もとないことよ。そのように矮小な人の身で〉。恥ずかしい。勇気を出して言う。「ここを進む許しをいただきたい」。〈望みがあるではないか〉。からかうような声。〈まあいい…進め。ただし、どちらへどのように進むかは、みずからが決めること。私の知ったことではないのだ。望みは?〉。「それでは灯りを。どちらに進むべきか、見定めたいのです」。〈この地に光の存在はそぐわない。よって、そなたが望むような灯りをともせるかどうかは、また別のことだ〉。

水の表面がぼおっと光り、あたりを照らす。青い青い、かすかに白い光だ。水ははるか奥へ続き、上からは根が下がっている。右手は淵か、その奥は黒い。左手は帯のように水の流れが光る。私は深々と声の主に頭を下げた。「この岸辺をたどります」。〈いいだろう。心して行け〉。声のした方へ目を凝らす。遠くの岩の上に誰かが座っている。やはり男の人だろうか?　胸のあたりがきらりと緑に光った。ペンダント?　〈まだ隔てられている〉。まるで見透かすような言い方。〈行きなさい〉。彼は立ち上がったようだった。〈さっきの音楽はなかなかよかった。水がともにある〉。

消えた。光は力を失い、ボウッと蛍のように光っている。〝音楽…って?〟。ケルを見ると、すまして水を飲んでいる。さっきのビブラフォン?　再び水に手を入れるが、もう音は鳴らなかった。私もケルを見習って水を飲み、手を洗った。左の方向へと進むのだ。

地下の水の神との出会いの場面である。イマジナーは水で音楽を奏でる才を発揮している。水とその周辺の「空間の濃淡」を操る術である。イマジナーが空間の超越に向かってたしかに歩を進めつつあることが、ここからはっきりと見て取れる。眠りを妨げてしまいはしたが、この奉納演奏は神をおおいに慰めた。これから先の道のりは、すべてこの神から課されるイニシエーションとなる。

イニシエーションは、イニシエーターの側に愛がなければ、そしてイニシエートの側の機が熟していなければ、ただの虐待に堕してしまう。それゆえ、この出会いは重要だった。なお、地上にあった祠はこの水の神を祀るものと考えてよい。しかし、私は、困難なイニシエーションの成就にとうとう成功した未来のイマジナーが祀ってあるのではないか、とも思っている。そうであるなら、そこには、「当たってから撃つ」に近い、先取り的な時間の超越があるかもしれない。

こうして、イニシエーションは本格的な段階に入っていく。イマジナーとケルは地下の水の流れをたどって進む。そして、はじめて強烈な危機に遭遇する。

六月二七日

――しばらく行くと、不思議なものを見つけた。天井が円く緑色に光っている。よおく目を凝らしてみると、なかには魚が泳いでいる。?! 水槽を下から見ているような感じ。赤や青に光る魚たち。まるで熱帯魚だ。またしばらく進むと、それを見つけた。なかでは人が戦争をしていた。まるで戦いのただなかにいるようだ。何なんだろう…。わからない。なんだか神さまのお腹のなかにいるみたい、と思う。

そこを離れて先へ進んだ。あたりはさっきより暗い。暗闇が黒い。血だ。血が流れている。壁から、天井から、いったいどこから流れてくるのか、岩肌に血が流れ出した。「やめて! こんなに血を流したら死んでしまう!」。思わず叫んだ。血の流れ出す場所を見極めようと、壁を見てまわる。暗い。よく見えない。私の身体は、見る見る血まみれになってきた。「やめて、もうやめて!」。私は壁にしがみついた。ケルが私のズボンを引っ張った。そうだ、こうしている場合ではない。見つけるんだ。われに返って、よろよろと歩き出す。洞窟のなかは血の匂いでいっぱいだ。走れない。とにかく先へ。ケルは私を励ますように、少し先を、振り返りながら急ぐ。ポタポタと降り注ぐ雫はまるで雨のようだ。いつしか青い光はなく、赤黒い光のなかを私は進んでいる。目をつぶってはいけない。自分の進む道は自分で見極めるのだ。血が古くなる。匂いでわかる。そして、突然やんだ。

血まみれの私はがっくりと座り込んだ。光も消えた。私はまっ暗ななかにいるケルの目と、ゆらめく水面だけをなぜか感じる。――

ここには「空間の重なり」という歪みがある。一種の入れ子ヴィジョンが発生し、岩の天井が透けて魚や戦争が見える。意識がしっかりしているなら、大小のヴィジョンが架橋され、「彼方まで重ね見る」空間の超越に至る可能性があるが、ここではそれは望めない。なんとなれば、イマジナーには解離が生じているからである。遠く離れた戦場で流されている血が岩肌からあふれ出てきているのは、フラッシュバックに近い状態と見てよい。

離隔されていたはずのできごとが生々しく目の前に甦っている。非常にトラウマ的な状況である。過去や未来の殺し合いが今現在と入れ替わる、「時間の逆転」が起きたのだ。つまり、ここには時間の歪みもある。イマジナーはケルにズボンを引っ張られて、ようやく「われに返って」いる。相当な力をつけているイマジナーだが、いまだ時間や空間の歪みから抜けきれてはいない。

誕生トラウマ

もう一つ、ここで考えておかないといけない可能性がある。イマジナーが音楽で呼び起こした神のことである。神は胎内でまどろんでいた。目覚めた神は無事に生まれ出るだろうか。挑戦と失敗を重ねてきたイマジナーのこれまでの個性化のプロセスで、この神は何度も生み出されかけては流れていったのだ。「神さまのお腹のなかにいるみたい」という言葉とその後の大出血は、繰り返されてきた神の流産を暗示する。神はそのようにして、人間の苦しみをかわりに引き受けてきた。はたして今回はどうだろうか。

イマジナーは泳いで向こう岸に渡る。ケルとはそこで、しばしの別れ。ひとりになったイマジナーは、岩屋で老人と一六、七歳の少女に出会う。そこには、イマジナー同様、ときどき若い女が迷い込んでくるらしい。謎めいた少女はイマジナーの世話をしてくれるが、ケイという偽名しか名乗らない。イマジナーも偽ってリンと名乗る。老人の正体は定かでない。

七月二日

——奥のドアを抜けると、何やら、工房だった。木切れやワイヤのようなものがいっぱい散らかっている。〈ここでは、知っとるじゃろうが、これを作るのだ〉。足もとからハープのようなかたちのものを拾い上げる。〈なかなか音が出ない〉。「見せて」。よく見ると、木の枠に糸かワイヤを張った単純なものだ。ひとつ弾いた。切れてしまった。音もしない。彼はため息をついた。〈やれやれ。まただ〉。じっと見て、私はあわてて「ごめんなさい」。〈いいんじゃよ。できそこないだ〉。投げ出す。〈困ったものだ〉。〈張り具合、強度…何をやってもダメだ〉。ため息をつく。〈技は失われた。…どうなることか〉。ため息。〈それで望みをかけているんだ。いつも〉。私をじっと見る。〈やってみてくれ〉。私？「やってみたいわ」。〈そうかい〉。にっこりする。〈自由にやってくれ〉。出ていってしまった。

しかし、そもそも何のための何なの？　これは…。私は勝手に決めることにした。私から見たら、これは明らかに楽器である。楽器であれば、なにかしら心惹かれる音を出させたい。それはごく単純な作りだった。横にU字型の枠に引っかけるところが八つばかりついていて、そこに糸とワイヤを渡している。枠は木でできているようでもあり、また石のようでもあった。おそらく水に沈む木の一種だろう。これを磨くことにする。私は椅子に腰かけて、枠を磨きはじめた。――とにかく私は磨いた。このなりそこないの楽器が愛おしくなってきたからだ。落ちていたなめし皮の屑を払って、丁寧に磨いていく。薄く、黒光りする枠。木目が美しい。これに何を張るかが問題だ。この子にふさわしいものは？

私は部屋を出た。老人はいない。ケイが竈で何かをかき回していた。「ケイ」。〝何!?〟。はっとしたように振り返った。「ごめん。驚かせた？」。ふう、とため息をつく。〝だって、出てくるんだもの〟。「え？」。〝出てこないように魔法をかけたのよ、あの人が〟。ちらっとドアの方を見る。〝知られないほうがいい。何なの〟。「銀がほしいの」。〝銀？〟。「そう、それに、水銀、鉛、銅、鉄、金…」。〝あるわ〟と言ったので、私のほうがびっくりした。「えっ？」。〝これを見て〟。今かき回していたものを見せる。〝瑪瑙《めのう》〟。「瑪瑙？」。思っていなかった。〝あと一つ…〟。考え込む。「金？」。〝そうね…〟。〝こっちへ来て〟。もう一度、さっきの小部屋へ。〝こっち〟。小さな壺をいくつも出す。もっとなかで何か大きなエネルギーが活動しているのが感じられた。「水銀ね」。〝そう〟。私たちは目をしっかり合わせて頷いた。

ケイは囚われの身らしい。一六、七歳といえば、Gさんがはじめて本格的な抑うつ状態になった頃である。そのときの挑戦で、すでにここまで個性化のプロセスを進んでいたのだろうか。そして、ここで立ち往生してしまったのだろうか。イマジナーもまた、ここでは囚われの身のようである。老人が扉に魔法をかけたことからそれはわかる。しかし、イマジナーの力はすでに彼を凌駕している。

楽器を作るという課題は、もちろん、あの水の神と関係があるのだろう。イマジナーの水の音楽は神を眠りから目覚めさせた。ということは、おそらく、しっかりと誕生させる役割もはたしうるのではなかろうか。イマジナーの個性化のプロセスの成就には、彼女の本来のアニムスである、かの神の誕生が不可欠である。そして、それは、音楽を介して成し遂げられることなのかもしれない。

神のための竪琴に張る弦。イマジナーはさまざまな金属でそれを作ることを思いつく。自身の急速に伸びている頭髪にコーティングして弦にしようというのだ。頭髪の急伸は霊力の成長を意味するが、「時間の凝縮」も窺える。ケイは驚いた様子もなく、リストに瑪瑙を加えた。ちなみに、実在する「水に沈む木」は、ときに瑪瑙を含んでいる。ケイは鉱物の精なのだろうか。それにしても、イマジナーはまるで、かつてケイと行なった挑戦を覚えているかのようである。「時間の逆転」に類することが起きているのかもしれない。

こうして、イマジナーによる錬金術の作業がはじまる。錬金術は卑金属から貴金属（黄金）を製造する技術だが、第一章で説明したように、錬金術師の心理学的な変容プロセスが物質の化

図9　ラムスプリンク『哲学者の石について』（1625）より
同じ水のなかにいながら対立し合っている２匹の魚。アクティヴ・イマジネーションとしての内向的錬金術の特徴がよく現れている。De Rola, S. K., 1988から。

学的な変容プロセスに投影されたものだった（Jung, 1944, 1955/1956）。また、実際の物質を原料として化学的に黄金を作り出す外向的な錬金術、想像力を駆使して心理学的に黄金を製造する内向的な錬金術があった（Franz, 1979）。

内向的な錬金術が目指す黄金は「われらが黄金」、すなわち永遠の価値をもつ微細《サトル》な物質である。これは、ユング心理学的には、セルフに相当する。時間と空間を超越するための試みがあったのだ。ユングによれば、錬金術の正体はアクティヴ・イマジネーションだったから、まさに類心的イマジネーションと呼ぶにふさわしい。そこには、心と身体（ないし物質）のあいだのリアリティがある（図9参照）。

錬金術師たちの作業《オプス》

七月一〇日

——「これの蓋、はずしてもいい？」。水銀。〝え…たぶん、大丈夫〟。「やってみるわ」。ケイは頷いた。そっとかがんで、壺を押さえた。鎮まって、心のなかで呼びかける。皮紐を解き、ゆっくりとほどいた。片手で壺を押さえたまま、ゆっくりと布を剥いだ。目を射るような輝きがあふれ出した。沸き立っている。「鎮まりなさい」。私は声に出して言う。少し光が弱まった。一瞬でも気をそらしたらだめだ。たちまちひっくり返ってしまうだろう。沸き立つそれと、壺と。私の左手に意識を集中している。ゆっくりと呼吸を整えて、私は自分の髪の毛を一本抜く。そして、それを注意してそのなかに挿し沈めた。途端に、銀色の光と、腐臭のような硫黄のような匂いが、あたりに立ちこめた。細い細い髪の毛が七色に輝いている。私は熱に耐えられなくなって、髪の毛を抜いた。――「なかなかのできばえね」。水銀に浸かったところから虹色に輝く銀色の糸。張りがあり、少し太くなった。「高音部に使うわ」といった。「いちばん短いところ」。それでもまだ長さも足りない。「でも、長さ足りないね」。私は待つ気だ。時が満ちるまで。

――私はさっきの髪で試作をしてみるつもりだ。「工房に戻る。ちょっとやってみたいの」。ケイは頷いた。〝また何かあったら言って〟。「ありがとう」。〝それから〟と近くにきて、〝このことは、あの人には内緒よ〟。「…どうして?」。〝どうしてって〟。「…奪われる?」。力がもう少し拮抗するまでは。〝そう〟。頷く。〝約束して〟。…ケイは信用できる? 大丈夫。それに、私は名前をあかしていない。「わかった」。ケイはにっこりした。〝じゃあ、また〟。そして、壺をしまいはじめた。私は―髪―をつまんで、工房へ戻った。

私は急いで工房へ戻ると、あたりを物色した。黒くよく撓《しな》りそうな、竹か何かの小枝を見つけて、強度を試す。折れない。手を離すと、ビーンと震えてまっすぐになった。これを使おうっと…。ヤスりをかけて、すべすべにする。両端に切れ込みを入れて、髪を結びつける。全長一五センチメートルほど、小さな弓ができた。おもしろい。ぴんと弾くと、ぴいいんとじつに高い音が出る。黒い三日月に銀の光る糸。フロスティという名前をつけることにする。さらに両端を赤い糸で補強した。下には少し垂らして飾る。竹を割り、先を削って、小さな矢も作る。フロスティ。お守りがわりにいつも持っていることにしよう。全部、注意深く、落ちている皮に巻いて紐でくくり、たっぷりとしたチュニックの下に身につけた。

イマジナーの錬金術的作業は、このあと、かなり長期にわたって続くことになる。その間、金属に喰われかけるなど、紆余曲折が非常に興味深い。紙幅の都合で多くを割愛せざるをえないが、老人には別の人格が現れてカインと名乗り、一方、老人自身はみずからの罪の重さに耐えかねて地上を去った最初の人間だと告白する。また、ケイは出自を知らず、幼い頃から老人に操り人形同然に育てられたと語っている。

ケイの目はしばしばうつろになる。罪の化身であるカインに取り憑かれてしまうのだ。憑依においては、複数の人格同士のあいだの重なりや排斥があり、心的な空間の密度の濃淡が感じられる。そもそも、ケイはイマジナーの分身のようなところもある。トラウマを抱えている分身である。二重身や分身も、やはり「空間の濃淡」を示唆する事態であるように思われる。

イマジナーはひそかにフロスティ（弓）の矢も作り、それぞれに、渡り鳥、隼、燕、鷲、梟、小鳥といった名前をつけて目を描く。またケイの協力のもと、金の模様が浮き出るクリスティーナ（竪琴）と、頭髪を鉱物でコーティングした六種類の弦を完成させた。残り二本は材料のあてがない。老人もケイも美しいクリスに魅了され、イマジナーから奪おうとする。いずれもカインに取り憑かれてのこと。カインは遠い昔に神の愛を失い、愛されること、愛されるものを渇望しているのだ。

イマジナーは果敢に闘った。戦闘のあいだに傷ついて倒れたケイは丁重に弔われる。その際、ケイは女神として現れ、イマジナーに、黄金を見出すこと、胎児を生み出すことを使命として自覚させた。一方、老人に取り憑いていたカインは、イマジナーの放った数本の矢によって巨大な蛇としての正体を現し、円環状をなす水の彼方へと去っていった。イマジナーは、そのとき、途方もなく長い蛇が円い水路をぐるぐる泳ぐ姿を想像する。

一〇月二二日

〈行ったのか〉と老人は言った。「行きました」と私は静かに答える。〈永かった…〉。彼は私を見ずに水の方、前へ二、三歩進んだ。私は道をあけた。〈永い年月だった〉と彼は言った。〈離れたのだな…再び〉。彼は続けた。〈私には、重い荷物だった…〉。私はじっと耳を傾けていた。〈私はそれを背負ったと考えた。…しかし、そうか？　背負われていたのではなかったのか？〉。〈私にはわからない〉。首を振り、しばしうなだれる。――彼は静かに笑った。〈最後の務めをはたせ〉。彼は命じた。彼は今や、カインであってカインではない。おそらく私の知らない新しい名が目覚めたのだ。ケイのように。〈おまえの務めをはたせ〉。彼はくりかえした。〈それだけが私の言うべきことなのだ。さあ〉。手を大きく前上方へ振り上げる。マントがひるがえる。いつのまに？〈道を示せ〉。わかっている。私は頷き、矢を一本、手に取った。黒く細い矢だった。私は彼の示した方向へ向いた。何を言うべきだろうか。フロス［フロスティ］を大きく引き絞ると、その弦は緑色の光を放っている。カインは私のすぐそばに立っていた。「渡り鳥」、と私は小さくはっきりと命じた。「道を示せ。そして、魂を導け」。ひゅんと音を立てて、矢はまっすぐに暗闇に消えた。次の瞬間、三本目の矢は、深々と老人の心臓に突き刺さっていた。私は息をのんだ。

しかし、彼は微笑んでいた。王のような威厳を漂わせて。〈そのときが来た。三本目の矢は、私を変成する！〉。彼が叫ぶと、地鳴りとともに風がびゅーっと吹きつけ、私は腕で顔を庇った。〈娘よ〉と彼は言った。水しぶき。水が割れているのだ！　彼の姿は見えない。〈娘よ、また会う日まで、さらばじゃ〉とそれは言った。私は跪き、姿勢を保とうとした。声は笑いを含んでいた。〈矢は返そう。好きに使うがよい。わしのはもう抜けないから〉と言った。〈さらばじゃ〉。「さようなら」。私は目をちゃんと開けられないまま、小さな声で言った。〝完成させよ。旅を続けよ〟。それが最後の言葉だったのだろうか？　よく聞こえなかった…。弱まった風と水しぶきに目を開けると、そこには何もなかった。波打つ水面と闇。そして、その水際と私のあいだに木切れが三つ落ちているだけだった。

ケイの弔いに続いて、イマジナーは老人にも引導をわたす。彼女は今や、相当な呪力を使えるようになっている。「当たってから撃つ」のはもちろん、空間を「隅々まで有魂化する」こともできるようになっていて、矢をどこに向けて放とうが、空間そのものがもつ自律性によって用意される誘導路を縫って本来の的に命中する。類心的な空間は因果の法則を離れており、そこにある諸存在は意味による結びつきをあらわにする。

第八章　心と身体のあいだ

インタールード――幕間《まくあい》

いよいよ、これから、類心的領域でのイマジネーションに入っていくことになる。しかし、ここで閑話休題。今までかなりの駆け足でイメージの展開を追ってきたので、若干の整理をしておくほうがよいかもしれない。イマジナーのまわりで起きたできごとについて、今までとは少し異なる角度から光を当ててまとめ直してみよう。類心系の個性化や時空の変容といったテーマは、いったん脇に置いておく。

イマジナーは大木の根もとの穴から、地下の水の領域に降りてきた。ケルベロスという地獄の犬の名を持つガイドに導かれて。しかし、そこで両者の道はいったん分かれ、イマジナーはひとりで困難なイニシエーションを経験させられることになる。カインと名乗るものに憑依された老人との対決である。それは、ケイという娘の助力を得て行なわれる錬金術的な作業、つまり竪琴（クリスティーナ）と弓（フロスティ）の作成を通してなされた。錬金術は、アクティヴ・イマジネーションによる個性化の試みを意味する。

ぎりぎりのところでの対決の結果、カインは老人から離れて、途方もなく長い巨大な蛇としての正体を現し、円環状の水路の彼方へと消えていった。旧約聖書に登場するカインは、アダムとイヴの息子としてあらかじめ楽園を失っているのみならず、愛する神から見捨てられた罪人《つみびと》である。このイマジネーションにおけるカインも類似した背景を持つことが語られている。

楽園を失わせた罪とは、意識の発生にまつわるものである。禁断の知恵の木の実を食べたことにより、人間には意識が発生し、その切り分けて選別する力のために原初の楽園的な一体性をなくしてしまった。カインはその罪の化身にほかならない。そして、残酷な見捨てられに苦悶し、老人や少女に取り憑いては、罪からの救済を絶望的に希求している。

ただし、ここで注目すべきは、カインの正体が巨大な蛇であり、しかも円環状をなしているらしいことである。古来、みずからの尾を口にくわえて円をなす蛇ないしは龍の象徴を、人々はウロボロスと呼び慣わしてきた。それは、はじまりもなければ終わりもなく、いっさいをそのなかに含んで自足している、始原の混沌である。

ウロボロスは、その後のありとあらゆる対立が生じる以前の楽園、未分化な全体性であると言ってよい。それが現れたということは、カインの罪が贖われて、心というものの遡りうる最初の姿にまでイマジナーがたどり着いたことを示しているように思われる。イマジナーは、みずからの分身に相当するケイという娘として、カインとともに罪と傷のなかに閉じ込められてきたのだが、老人ともどもここで役目を終え、解放された。

いま、イマジナーは、心的領域の最果てにいる。この先に待ち受けているところがあるとしたら、まさに類心的領域であるにちがいない。はたして、そこはどのような様相を見せるのだろうか。では、そろそろ、再びもとのモードに戻って、イマジネーションの展開をたどっていこう。

類心的領域に棲む神

老人は「完成させよ。旅を続けよ」とイマジナーに言う。竪琴クリスを完成させるための旅はどこに向かうのだろうか。老人に憑いていた罪は、裏切られ見捨てられたことによるトラウマと表裏一体になっていた。トラウマを抱える人がいわれのない罪悪感に苦しんでいるのは珍しくない。両者は綯《な》い交ぜになって、悪循環をなし、類心的な個性化のプロセスの進展を妨げる。

今や、背負う必要のない罪は祓い浄められた。水の彼方へ流されたのだ。そこには水の加護がある。トラウマが罪から分離されれば、妨げはなくなり、個性化のプロセスは再び進展しはじめる。イマジナーはこれまでカインで象徴される罪の価値観を生きてきたが、それを倒した今、新たなあり方を見出さなければならない。

イマジナーの錬金術は老人を変成させた。老人は、錬金術でいえば第一質料に相当する。罪と穢れにまみれた、錬金術の原料。通常は鈍重で頑な鉛である。錬成作業（オプス）により、物質や身体は微細《サトル》な性質を帯びていく。それが浄化のもう一つの側面でもある。ここで示された道の行き先、類心系の旅の目的地は、心と身体のあいだに坐す神々の聖域なのだろう。類心系とは、神々に近侍する者たちの別名でもあるのだから。

イマジナーは示された道を行くことを決意した。水が割れていた、その先へ。そして、湖のなかに引きずり込まれた次の瞬間、イマジナーは、誰もいない冷たい床の上に倒れている自分に気がついた。異界に入るときといえども、意識が途切れるのはよくあることではない。この意識の断絶が解離と関係があるとすれば、ここはまさに心と身体のあいだ。集合的無意識の辺境。類心的な領域である。

一〇月二八日
――回廊のようなところなのか、両側に太い柱が並んでいる。その向こうも闇だ。立ち上がる。そして、水を絞った。クリスとフロスを持って、まっすぐに前を見て、小さな声で言った。「来ました」。〈よく来たねえ〉。飛び上がってしまう。どこ？　…足もと。何か…大山椒魚《おおさんしょううお》のような、奇妙で、茶色くて、イボイボのものが、じっとこちらを見上げている。これが…。〈よく来たねえ〉と言ってくれる。奇妙に嗄《しわが》れた声だ。「来ました」。私はしゃがみ込んで跪く格好になり、きちんとした。〈来たねえ〉。なんだか目を細めているようだ。〈では、訊こう。どうしてここへ来たの?〉。考える。「道が示されたからでもあり、そこを歩んだからでもあります」と答えた。〈そうかい〉。ますます目を細める。〈じゃあね、何をしに来たの?〉。声は澄んだかと思うと、嗄れる。「わかりません。…でも、これを探して」とクリスを示す。「連れてきました。つなぐものを探しています」と答えた。〈そうかい〉。その人(?)は頷いた。

〈では、案内しよう。こちらへ〉。それはピタピタと向きを変えた。——その人は向こうを向いたまま歩き出した。焦げ茶のフードつきマントを羽織った、小さな人だった。

ここが類心的な領域であることは、登場した神の異様な身体性からも窺える。心と身体のあいだの両生類とは、じつに示唆的ではないか。これまで水の神と呼んできたが、正確には、水と土のあいだの神である。トラウマの離隔される最深奥に棲む神。同じ解離でも、今回のはぎりぎりまで意識を保ちながらのそれだったので、イマジナーはついにこの神の姿を捉えることができた。時空の体験も本格的に歪みから超越へと変容しつつあることがわかる。

神は一つの木のドアを示し、入るも入らぬも自由だがどうするか、と問う。イマジナーは慎重に考え、入ると答えた。返事を聞いた神は頷き、踵を返そうとする。

一一月一日

――「待って下さい」。呼び止めて、彼は振り向く。「これを…」。矢を一本わたす。〈これは?〉。「お礼といいますか…待っていて下さったので。あなたに属するものだ、と」。〈ふむ…〉。彼はそれを受け取って、しげしげと眺めた。〈ほお〉。そして、指で〝目〟を撫でて、何かを呟いた。すると! 驚いたことに、次の瞬間、木切れは小鳥になって、彼の頭上に舞った。〈おお、これは、これは〉。彼は相好《そうごう》をくずし、両手をあげてまた何か呟いた。小鳥はその指先にとまった。彼はうれしそうにそれを眺めた。「持っていて下さい」と私は言った。〈よろしい〉と彼は言った。〈しかし、預かるのだ。必ず取りに来るように…ここを去るときには〉と言う。〈預かるのだ、その日まで。安心しなさい〉。「…ありがとう。でも…」。〈いいのだ〉。彼は笑った。〈待っているからな〉。私は頷いた。〈よし。では、行きなさい。私も行くから〉。私が礼をすると、彼はもう一度頷き、鳥を肩にのせて行ってしまった。

類心的領域に坐す神は、ここでイマジナーの矢=小鳥に対してしたように、預かるべきものを預かるのが仕事である。預けられ離隔されるものは、トラウマ的な体験だったり、その人本来のあり方だったりする。何のために預かるのか。いつか持ち主に返すためである。類心系の場合、心と身体のあいだに、このうえなくたいせつなものが匿われている。そこに、時間や空間にまつわる歪みや超越の秘密がある。

さて、ノックしたドアから出てきたのは中年の女だった。かの神が引き合わせた以上、ただ者であるはずはない。イマジナーは招き入れられ、着替えののちに、奥の暗い部屋へ通される。壁に蝋燭が一本。小さなベッドと洗面台。そして、大きな機《はた》が置かれていた。すでに経糸《たて》が通してある。女はイマジナーに、機を織って、屋敷の壁を飾るために捧げるのが仕事だと告げる。しかし、その前にクリスとフロスをわたせ、と迫ってきた。

神の暗い側面

一一月一二日

私は相手の目をじっと見返す。ふっと彼女は表情をゆるめ、やさしい声で言う。〈こっちへおわたしなさい。いい子だから〉。「いいえ」。私はきっぱりと言う。「わたしません」。〈おわたしなさい！〉。叱りとばす声。私を憎んでいる。〈許さないから！〉。私は体が熱いような、冷たいような、身体が震えている。〈聞き分けのないことを言うんじゃない〉。女は冷ややかに言った。でも、私はじっと女を見返している。これ以上、言うべきことは何もない。氷のような微笑を浮かべ、女は私を蔑むように見つめている。〈汚らわしい。おまえに何ができるというの？〉。せせら笑う。〈それをおわたしなさい。もう何も考える必要はないんだ〉。私の気持ちは、反対に落ち着いてきた。そして、黙って首を横に振った。女は突然わけのわからない叫び声をあげて、私の手をつかんだ。つかんで、締め上げて、フロスを私から奪い取ろうとしている。痛い。なんて力だろう。〈こんなもの〉。さらに憎々しげに彼女は言って、乱暴にフロスをつかんで引っ張った。「やめて!」。私は必死で抵抗した。「やめてよ!」。
私たちはもみ合っている。

かの神は離隔の領域を主宰し、この類心的な領域を創造的に使おうとする者には力を貸す。ただし、条件がある。時間と空間がどのようにして一つに織り上げられているかを知ることである。時空の超越は、その土台となる時空があらかじめしっかり織り上げてあってこそできるのだ。織れる者でなければほどくことはできない。

この女も、かの神がイマジナーからかつて預かったものの一つかもしれない。となると、イマジナーの歪んだ時空を織り上げた張本人だろうか。時間をかけて機を織るのは、一般に、女性の元型的な仕事、あるいは女性性のための課題である。それゆえ、女神が司っている。イマジナーの場合、トラウマからの解放は、女性性の成長や変容と密接につながっているとも言える。

離隔の領域にいるグレート・マザーは、懐柔し、考える力をそっと奪おうとする。トラウマを抱えている人は、現実にはそれで助かるところもあるわけだが、グレート・マザーの硬軟織りまぜた物腰の背後に、見捨て、裏切り、剥奪の脅しが隠されていることは言うまでもない。

同日のイマジネーションの続きを見てみよう。

「どうして…。どうしてあなたは、そこまでして私からこの子を奪おうとするの?」。一瞬、離れたとき、私は訊いた。ふたりとも、少し息を切らしていた。〈私のものだからだ〉とそれは言った。声はもう、あのやわらかい声ではない。〈それをよこせ〉。それは一気に〝しぼんで〟見えた。何なんだろう。頭は白髪? まるで木彫りのような顔。枝のようなその指で、私を指している。〈おまえは抵抗をしても無駄なのだ。ここは私の館。私の部屋だ。聞き分けのないことを言うと、おまえも食べてしまうよ〉。〈おまえの前に来た娘たちだって、みんなそうだ。おとなしく言うことを聞けば、そのときはそのときのこと。そうでなければ、私の晩ごはんというわけだ〉。それはくっと笑った。〈さあ、どちらを選ぶの? お嬢さん?〉。〈フロス、弓と矢を〉。私は呟いて、手のなかに滑り込んできた矢を弓につがえた。〈おや、射る気かい〉。老婆は言った。〈できるかね、リン?〉。そして、手を伸ばして言った。〈フロス、私に矢を放てるかい?〉。ああ、驚いたことに、フロスはそう言われた途端、弦がだらんと伸びてしまった! 老婆は高らかに笑った。〈さあ、私の勝ちだ! 言うことを聞かない悪い子は食べてしまうとしよう〉。

老婆は少し私に近づいた。でも、私にはわかってる。しっかりと足を地につけて、少し前後に開いて、じっとそれを睨み返す。フロスをまだ手に持っている。それは両手を、掌を下にしてゆったりと上げ、近づく。歌うように、言う。〈さあ、リン。鳥におなり。おまえを丸焼きにして食べたら、さぞおいしいだろうねえ〉。しかし、私はその視線を跳ね返すように、フロスを掲げた。すると! フロスは銀色に輝いている。黒く、木でできたフロス。もう今はちがう。「私は…ない」。声にならなかった。

「私は…らない」。くりかえして言った。「私は鳥になどならない」。私はやっと言った。少しだけ老婆がたじろぐ。「私は鳥になどならない」。フロスは輝きを増していた。しかし、矢は一本もなかった。みんな、木切れのまま床に散らばっているのがわかった。「そして、この者のほんとうの名はフロスではない。そして、私のほんとうの名もリンではない」。私は一歩前に踏み出した。それは暗い影のなかに沈み、じっとこちらを窺っているようだった。

私はフロスを左の脇に抱え込んだ。クリスも今、私の手もとから離すわけにはいかなかったから。今、あたりは、フロスの放つ銀の光に照らされている。それはこっちをじっと窺っている。赤い目でこっちを見ている。私はそのまま、びん！とフロスの弦を弾いた。高く、低く、振幅のある、大きな音が部屋に満ちた。それは少し顔を歪めた。私は必死の思いでもう一歩だけ前へ進んだ。そして、もう一度、弦を高らかに鳴らした。心のなかでだけフロスに呼びかけた。〝この者の名はフロスティ。その銀白の光、この名にふさわしい〟。そして、もう一度、弦を鳴らした。三度目。そして言った。「さあ、この部屋から出ていきなさい。今すぐに」。弓を掲げて近づくと、その黒い影は、するすると音を立ててドアから出ていった。ドアが閉まるとき、赤い目がじろりとこっちを睨んだのがわかった。私はじっと見返していた。そして私は、ここから出ていくのが容易でないことを感じた。

女は老いた魔女としての姿を現した。魔女は強力である。虜となった者を鳥にしてしまうのは、魔女の術の一つとして昔からよく知られている。一方で、この場面から、やはり鳥の魔法を操っていたイマジナーに、魔女との部分的な同一性のあることが見て取れる。魔法にかかるのは、象徴的には、無意識からの汚染を受けることを意味し、それを跳ね返すには、忍び寄る無意識を察知し意識を清明に保つ強い力が要る。

これまでに重ねてきた幾度もの挑戦では、イマジナーは、魔女の晩餐に供されてしまうのが常だったのだろうか。しかし、イマジネーションを続けてここまでたどり着いた今回は、かつてなかったほどにアクティヴな自我がある。それに呼応して、弓弦《ゆづる》で邪霊を祓う古来の呪法など、イマジナーの巫女としての力も高まってきている（図10参照）。

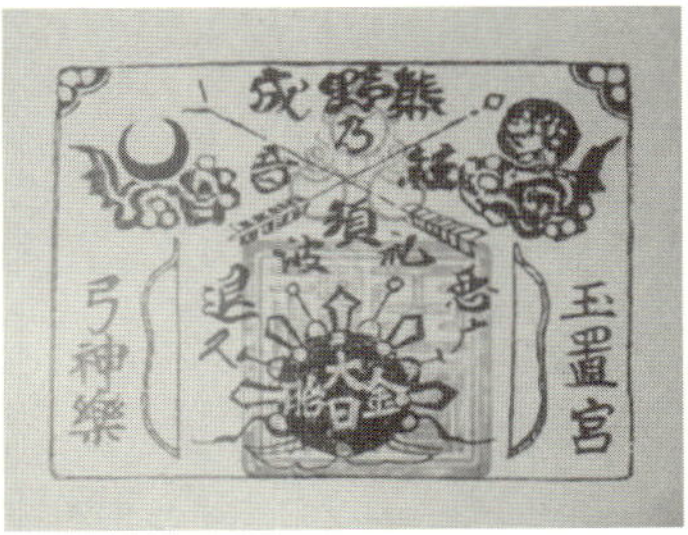

図10　玉置神社弓神楽の神符
熊野の奥宮、玉置神社に伝わる弓神楽の神符には、「熊野成玉置宮乃弓神楽弦音須礼波悪魔退久（くまのなるたまきのみやのゆみかぐらつるおとすればあくましりぞく）」と記されている。

さて、部屋に閉じ込められたイマジナーの前に、「ハムスターくらいの小さな動物」が現れる。せかせかと落ち着きがないが、話し好きである。毎日、あちこちへのトンネルを掘るのが仕事らしい。今はひとつの部屋にかかりきりで、「そこには恐ろしいほどの書物があるんだ。ありとあらゆる言葉と、言葉以外のもので書かれてる」と語る。そして、蝋燭の灯りをたいせつにするよう忠告を残し、去っていく。

グレート・マザーの否定的な側面と対峙し続けていると、その隠されている肯定的な側面が鳥や獣や小人として姿を見せ、助けてくれることがある。白雪姫などの継子《ままこ》譚はその典型である。この小動物は、かの神の秘密の書斎を覗き見ることを黙認されているらしい。かの神からイマジナーに遣わされた伝令と見ることもできるだろう。

小動物の言ったとおり、たしかに蝋燭は重要だった。おそらくかつてやはり挑戦者だった燭台（ランプ）の蝋燭は、引き出しのなかの腕輪とリボンをイマジナーに託す。そして、根もとから枝を伸ばし、こんもりとしたランプ・シェードを作って火を覆った。それは、やわらかい光でイマジナーの手もとを照らしてくれるのだった。

魔女との闘い

機織りは簡単ではなかった。その音とリズムは琴のようだったりピアノのようだったりする。しかし、いろいろな理由で滞る。「常夜灯のような」蝋燭の光で照らされながら、いつはてるともなく続く作業。長く続く単調な作業は、女性性の変容のために必要だが、ぼんやりしてしまう危険性がある。しかし、イマジナーは清明な意識を保ち続ける。

一二月一九日

——櫛［筬《おさ》］を使うより、手でした方がいい。私は立ち上がって、櫛を奥へ押しやり、不均一になった織り目を手で直す。蝋燭の火だけでは、色も模様もよくわからなかった。どうもうまくいっていない。上下が入れ替わっていない。ため息。糸を戻して、右足を踏む。…座らないと、うまく踏めない。バタンと踏んで、すぐに糸をくぐらせ直す。はっきりとした音はない。糸がゆるい感じがする。右手で手繰り寄せて、捻れや隙間を少し直す。適度に糸を引っ張る。やっぱり櫛が立ち上がって、左手で軽く押さえた。パタンと踏む。少し楽になった、かもしれない。でも全身を使う感じ。

ポーンと何か音が、やはりしるしのように響いた。左手の方から出して軽く引き、右手をちょっと離して目を整えた。櫛も軽く。バタンと踏む。油がまわってきたみたいに、少しだけ〝合って〟きたかもしれない…。力で踏んでもダメだ。これを動かしているのは、そういう類のものではない…。そんなことをふと考える。呼応というようなこと。今度は左から滑らせる。途中で止まるけど、別にかまわない。手繰り寄せ、引いて整える。櫛。中腰になっている。座ってパタンと踏む。私の踏んだのに応えてバタンと音がして、機械が動く。ひらひらとしたリボンが、光に当たって艶めいている。赤？はっきりとはわからないが…。また右からすっと投げ込むと、今度は届いた。持ち替えた手で取り、目を整える。櫛。座ってヨイショと踏むと、パタンと入れ替わった。

ここでは、体感が非常にたいせつな役割をはたしている。まさに、心と身体のあいだと呼ぶにふさわしい。そのなかで、機や織物の声を聴き取り、身体の微調整が試みられる。機との困難な折衝が繰り広げられていると言ってもよい。物や身体との折衝は至難の業である。イマジナーはその要諦を「呼応というようなこと」と表現する。この機織りの作業が身体系個性化のプロセスになっていることがわかる。

このあとの機織りもかなりの長期におよび、機や身体のさまざまな微調整が続いた。また、現実においては、Gさんの結婚と遠方への転居が決まったため、分析は三月いっぱいまでとなることがすでにわかっていた。その両方が相俟ってだろう、イマジネーションのなかでも、「私が思うより時間は少ない」といった言葉が見られるようになる。そして、織物がようやく完成に近づいたとき、ことは起きた。

X＋一年二月二三日

――蝋燭の火がひときわ大きくちらちらと揺れて高まったのと、私が弾かれたように立ち上がるのと、ドアが開いたのが、ほぼ同時だった。左手を機について、じっと見る。ドアの入口には老婆が立っている。向こうの部屋は明るい。蝋燭の火はぷすぷすといって消えたらしい。じっと見る。老婆は赤く光る目を髪のあいだからのぞかせて、ゆっくりと近づく。じっと睨み合う。私の左手は、今織った布地をつかんだ。〈それをおよこし〉。それは右手を出して言う。「いやよ」。言ったつもりだったが、声にはならなかった。ぐっと睨み返して、左手に力をこめる。それは、イライラしたようにひきつった笑いを浮かべた。背後でドアが閉まった。

〈さあ、早く！　ぐずぐずしないでおくれ〉。それが近づいてくる。もう少しだ…。もう少し近くに。

〈さあ、こっちへおわたし！〉。それが足を引きずるようにして、五、六歩のところまで近づいてきた…。もう迷っているときでは…私はランプを手に取った。すると、その覆いが炎を上げた。私はそのまま老婆の胸もとに飛び込み、胸にそれを突き立てた。炎はたちまち老婆の服に燃え移った。ぐぇっっっと、まるで蛙の潰れるような音を出して、それは鉤爪のある枯れた手で、私の剣「ランプがこういう感じになっている」を握った手をぐいぐいと締めつける。

私は必死で、それを柄《つか》まで通るほど老婆の胸深く突き刺し続ける。鉤爪が私の肩に食い込んだ。気づくと、左手に取った布が絡まって、剣と両手をつないでいる。もう後には引けない。私はそのまま、その布を伝って炎が上がっていくあいだにも、必死で剣を押し込んだ。なんという熱さだろう。手が、まず溶けて落ちていくような熱さに包まれる。それはギャーーーーと声をあげつつも、今度は私にしがみついてきた。ぐっと抱きつかれて、私は燃えさかる剣から手を引きはがし、老婆の背に手をまわして、ぎゅっと抱きしめる。剣はますます、その胸深く入っていく。〝ごらん！　だめだよ。死んでしまうよ！〟。どこか遠くで声がする。〈仕方ないんだ。ここで待っているんだ〉。誰かが見ているのだ。手はもう溶けてしまっただろう。私の腕のなかで、それは萎んでいく。私はますますぎゅっと抱きしめる。ぎゅうっっと…。〈いやぁぁぁ…〉。呻きとも叫びともつかない一声。それはパリン！と音を立てて、私の腕のなかで砕けた。

私は力の掛けどころを失って、床にどっと倒れて転がった。熱くて、痛い。おかしなことに、剣の柄は再び私の手に握られているのがわかった。皮膚が溶けて貼りついたのだろう。手を離すことすらできない。〝たいへんだ！　たいへんだ！〟。また声だ。〈落ち着け！〉。私は何かにすくい上げられるようにして、動物の背のようなものにのせられた。〈落ち着いて天分をはたせ！　おまえの教えてくれた道を急ごう〉。私は仰向けにだらりと両手を垂らし、熱と痛みに朦朧としながら、どこかへ運ばれていくことはわかっていた。

前にも指摘したとおり、イマジナーと魔女の使う力は似ている。イマジナーはこれまで、魔女の力の犠牲者だった。主訴や生育歴、生活歴にほのめかされていることからそれは容易にわかる。しかし、グレート・マザーは、ただ単に倒せばよいというものではない。とくに女性の場合、グレート・マザーから受け継ぐことのできる肯定的なものはできるだけ受け継ぐほうがよい。魔女の力もその一つになりうるだろう。

再びかの神のもとへ

念のため申し添えておくが、グレート・マザーが登場するからといって、イマジネーションのなかでのできごとを、Gさんと母親の関係性に直接結びつけて考えないでほしい。なにしろ、グレート・マザーの姿で象徴される内容は多岐にわたる。ここでのグレート・マザーの登場は、そこにイマジナーが女性として受け継ぎうるありとあらゆるものがあることを示している。よいものも悪いものも離隔されていたのだ。

長く単調な機織りに耐えるという古くからの女性のイニシエーションの課題をやり遂げたイマジナー、あるいはまだ見ぬわが子の一生にまつわる希望に満ちた夢想を織り上げるという妊婦に似た経験をしてきたイマジナー（現実では結婚間近！）だからこそ、いま魔女と闘えば、なにがしか得るものがあるはずである。

魔女はそれを承知で現れたのかもしれない。資格のできた娘にみずからの力を受け継がせてこそ、ほんとうのグレート・マザーなのだから。しかも、魔女はたいてい、グレート・マザーであるばかりでなく、トリックスター的な面ももっている。多くのおとぎ話で、いいタイミングでのこのこ登場してきては退治されるのがその証拠。トリックスターが自身の仕掛けたトリックにみずからかかることで、トラウマからの回復の可能性が開かれることは第二章で述べておいた（Kalsched, 1996, 老松、二〇一七）。

魔女が受け継がせるもの。それはたとえば、女性ならではの繊細なセンスをもって時間や空間に関わる力である。一口に、時空を歪める力、超越する力といっても、男性的な遣い方もあれば女性的な遣い方もある。おそらく、女性的な時空の超越の力は、この世にしっかりと根差した癒しや救いと結びついているだろう。イマジナーはこれまで、魔女の力の犠牲者、被害者だったが、今や、魔女の力の遣い手になった。

離隔は解消され、魔女の時空を歪める力は、時空を超越する力へと変容した。すなわち、「時間の逆転」による歪みは「当たってから撃つ」能力に、「空間の濃淡」による歪みは「隅々まで有魂化する」能力に、そして「空間の重なり」による歪みは「彼方まで重ね見る」能力になったのである。これは、イマジナーが、苦闘のおかげで、そうした力を私物化したい誘惑に屈しない態度を身につけていることとも関連している。

さて、みずからの半身ともいうべき相手を倒したイマジナーは、今や重傷を負っている。しかし、それこそが、恐るべき試練をくぐり抜けたしるしである。それゆえ、道理をわきまえている導き手たちは、瀕死のイマジナーを約束の場所へ連れていこうとしている。落ち着きがないほうは「ハムスターくらいの小さな動物」。イマジナーを乗せた「動物の背」の持ち主のほうは、あのケルベロスである。

小動物はあたりにトンネルを掘り続けていて、「ありとあらゆる言葉と、言葉以外のもので書かれ」た書物のある禁じられた部屋への最短ルートを知っている。小動物は「あの人に会ったことはないんだ。はたして会えるだろうか」と心配するが、ケルベロスは「そのハズだ。そういうことになっているから」と呟き、「手順を踏むんだろう」とみずからにも言い聞かせながら、岩場を降りていった。

三月五日

――…しばらくして、私ははっと目を開けた。いやな感じがした。恐い。「いや…やめて」と大きな声で言ったつもりが、掠れ声しか出ない。私は必死でケルの背に腕をかけて、身を起こそうとした。それは今、平坦な場所にさしかかったところだった。止まる。顔をこちらに向ける。緑の瞳。〈仕方ないんだ〉。「いや」と私は言う。「ひとりで行くのはいや！」。それはじっと私を見て、踵を返し、歩きだした。「いや」と私は必死で言った。それは水のなかへ入っていった。じきに泳ぎだす。暗い。水は黒く、何も見えない。壁も天井も、ましてや底など。私は必死でケルの首に肘をかけてしがみついていたが、もう限界だった。そして、ケルは私を振り落とした。

なんてことだろう…。「いや…どうして…ひとりで行くのはいや！」。私は必死で少し浮かんでは、言う。〈仕方ないんだ…〉とそれは言う。そんなことはわかっている！「いや、ひとりはいや！」。〈必ずまた会えるから。必要なときに〉。私は泣いている。ケルは？　緑の瞳がキラリと闇に光っていたが、私はもうぶくぶくと沈んでいく。死んでしまう…浮かばなくては。私は少しもがく。でも、体は動かないし、服が重い。私は下へ下へと沈んでいく。ああ、もうだめだ。私は冷たく暗い水のなかで、すべてを水に任せ、空気のかわりに水を吸い込んだ。そして、引きずられるように沈んで、もう何もわからなくなってしまった。

＊＊＊＊

私は固い床の上にころがっていた。咳き込み、水を吐く。とても胸が苦しい。体は重く、冷たい。手に汚いボロが巻きつき、右手にはまだ剣が握られている。私は少し起き上がって、また床に倒れたまま、息をついている。何かが来た。私には、それが何かわかっていた。それはひたひたと近づいてきて、止まった。そして、声。〈よく来たな〉。「…はい」。私はできるかぎりハッキリした声で言う。そして、上半身を少し起こす。濡れて寒い。「来ました」。それは近づいてきた。イボイボのある、醜い両生類のようなものだ。〈よく来た、来たな〉と、それはまた言う。「はい」。私はもっと頑張って上半身を起こし、手をついて支えた。「こんな様子で…」。言いきらないあいだに、それが〈それはよろし、よろし〉と言って、体を揺すったように見えた。〈こちらへ〉。「待って！」。しかし、それはピタピタのんびりと向きを変え、動き出した。私は力をふりしぼって、這いつくばって後についていく。

あのとき、かの神は、「待っているからな」と言った。彼がそう言った以上、手順を踏んだなら、かならずや会えるにちがいない。「手順」とは、イマジナーを死者として水葬を行なうことである。魂の導者は、三途の川まで来ると、死者の霊魂を冥界の主宰者に引きわたす。死者の霊魂は孤独に耐えなければならない。地獄の番犬ケルベロスが「仕方ないんだ」と言うとおりである。

傷のなかの宝石

以下が、この類心的イマジネーションのクライマックスである。少し長い引用になる。

三月七日

――〈何を持ってきたのかな〉。私は息をきらせながら、考えた。左手に巻きついたボロを見た。…「何も」。今の私には何もないように思えた。〈ほう〉。それは近づいてくる。フードつきマントの老人。杖の先とマントだけが視界に入る。〈ほんとうにそうかな〉。「はい…」。私は申し訳ない気がする。それは近づいてきて、杖の先で私のボロをつつく。〈これは?〉。「それは…」。

三月八日

「それは…」。私はそのボロを見ている。涙が出てきた。「燃えてしまいました」。私には、捧げるものが何もないのだろうか? 〈そうかな〉とそれは言う。〈そのために来たのかね〉。私ははっとして顔を上げる。体が少ししゃんとしたのがわかる。「ちがいます」。それ…彼は深い皺の刻まれた口もとをほころばせて頷いている。私は剣で、クリスを縛っていたリボンを切った。それは不思議なことに、木のフレームには傷ひとつなく、白金に輝いて見えた。弦も切れてはいない。

私は左肩からフロスをはずした。弦はきつく肩に食い込んでおり、はずすのはたいへんだ。今、弓は堂々として銀色に輝き、弦は金色に光っている! 大きくて、私は思わず見とれた。〈それをどうするのかな〉と彼は言った。私は胸がちょっとだけ痛む…が、仕方なかった。剣でフロスの弦を切った。刃を弦に当てて引くと、ぴィィィィンと張りつめた音とともに切れる。そして下も。引っ張りながら切る。手の自由がきかず、やりにくい。弓はわきに置き、弦をふたつに折って切った。

金色の糸が二本。剣は掌にくっついたように離れない。かろうじて自由な両親指と人差し指で作業する。クリスにこれを張るのだ。クリスは何かに喜んでいるように、自分で光っている。膝の上にのせたクリスに金色の糸を張る。二本目の支柱に巻きつけて結ぶ。ぴんと張る。そして下も。しっかりと結んで締める。八本目の支柱。さっきよりさらにしっかりと。下もしっかりと、張りに耐えるように結びつける。そして、キリキリと締め上げた。なんて美しいんだろう！　薄いフレーム。呼吸するように浮かび上がる模様。美しい色の弦。私は思わず、それに手を触れた。いきなり、さまざまな光と色があたりに満ちあふれた気がした。何か音が鳴ったのだ。とてつもなく大きく、重なり合った音が…。手を引っ込めたら音も光も消えたが、その余韻はまだ廊下にこだましている。扱いには注意が要る。私はそうっと少しだけフレームを撫でた。すると、不意に剣が手から離れた。床に落ちて、音を立てる。

私はそれをきちんと置き直すと、クリスを両手で捧げ、じっと見た。じっと見た。そして、片立て膝で威儀を正して、まっすぐ彼を見た。吸い込まれそうな黒い瞳。少しだけ笑みを含んでいる？　それに言った。「どうぞ。これをお持ちいたしました」。彼は微笑んで頷き、右手を出してそれを取った。骨ばった手。

かの神が待ち望んでいたもの、それは、魔女との闘いの業火を生き延びた存在、火の試練に耐えられる不壊の価値だった。すなわち、イマジナー自身であり、神界の波動たる音楽である。

かの神が音楽により眠りから覚めたことを思い出してほしい。神界の波動は時空を超越する。波動は心と身体のあいだをつなぐ。ただし、波動といっても、粗大なそれではなく、精妙なそれである。

波動を生み出すのは、竪琴の八本の弦。完成に必要な残り二本の弦になったのは弓弦である。水銀製だった弓弦は、魔女との闘いのなかで黄金に変容していた。その響きは、心と身体のあいだでこそ感知しうるものだろう。波動は調和《ハーモニー》を生み出すが、そのためには、厳格な規則や理《ことわり》を背景にもっていなければならない。イマジナーの長い旅は、そうした根本的な対立を超えるために必要とされる試練でもあった。

三月一三日

彼にクリスをわたす。彼女は私の手を離れた。そして私は頭を垂れて、彼の言葉を待った。〈よくできている〉と彼は言った。私は黙っている。…〈それでは、これを返そう〉。私は顔を上げ、彼の黒い瞳に一瞬、捕らえられる。すぐ彼は視線をそらし、右手を軽くあげて、何か呟く。パタパタとすぐに軽い羽音。見ると、彼の指には小さな小鳥がとまっていた。あの鳥、と私は思った。彼を見ると、彼は頷いた。〈そうだ。借りたものは返さなくてはな〉。そして、軽く私のほうに右手を動かすと、それはパタパタと飛んで、私の右肩にとまった。そして、軽く頭にもたれるように体を休ませた。私が右手を持っていくと、それはすぐに私の手のなかに入ってきた。そうっと包んでそれを見る。薄黄で、フワフワして、手のなかに入ってしまうくらいの小ささ。震えている？　でも、ここでは、彼女の体がほんのり温かい。

私は気づいた。彼女には右足がなかった。私は彼を見る。〈おまえが切り取って使ったのだ〉。彼はじっと私を見て言う。私ははっと傍らの剣に目をやった。そして彼を見た。彼は黒い瞳で私をじっと見る。〈おまえがしたことだ〉。私は動揺した。彼はとても威圧的に感じた。突然大きくなったように思われ、私はおののいた。左手に小鳥を入れ、右手で包んで胸に抱え、私たちは震えている。私は自分を取り戻した。そして彼を見上げた。しばらく私たちは見つめ合っていた。そして私は言った。「借りたものは返します。でも、私はそれを背負って生きていくだけです」。代価は払っても払いきれるものではありませんから。でも、私はそれを背負って生きていくだけです」。最後のほうは、小鳥に言ったようになってしまった。そして、彼をまた見た。彼は静かな、立派な老人だった。私には測り知れないものを瞳の奥に秘めて、私を見ている。私は畏れを強く感じて、目を伏せた。

〈するべきことをしなさい〉とそれは私に言った。それは、私だけがわかり、私だけがする種類のことだとわかっていた。何かを命じられるのとはちがうということ。私はまた彼を見て頷き、頭を下げた。私は小鳥を左手に包み持ち、心臓の上に置いていた。温かく、やわらかかった。右脚を立て、左膝をついた。右手に剣を持った。剣はすばらしく細身で、キラリと光っている。持ち手はフェンシングのそれのように、女性の彫刻が施された甲当て（?）がついていた。私は息をつめ、神経を集中した。ここ、という場所。右足首のまんなかに私はその剣をあて、一気に突き刺した。痛み。私は息を止めた。でも、それはあまり深くまで入っていかなかった。なぜ？　カチッという手応えは、骨と少しちがう気がした。私は剣を抜いた。小さな傷から血が噴き出す。

しかし、彼は言う。〈取り出しなさい〉。迷う私に、彼は再び言う。〈今だ。今、取り出せ〉。私は傷口を開いた。すると、いきなり彼は私の傷口に手を（指を）伸ばした。鉤爪のある指。その爪を今、いっぱいに伸ばして私の傷に入れる。私は痛みに思わず叫びそうになり、ぎゅっと足を右手でつかんだ。〈すぐ終わる〉。それは何か若々しい声で言った。私は気が遠くなりそうだ。しかし、いけない。そして、それは爪で何かをほじくり出したのだった。それは血にまみれて、カランと床にころがった。

彼はそれを拾って、私に差し出す。私は深く深く息をついて、震える右手でそれを受け取った。親指で軽く血をぬぐうと、それはいきなり強い緑色の光を放っていた。私はびっくりして、それを見つめた。それは熱を帯び、私と彼を照らし出すほどの光を放っていた。〈それがおまえのだ〉と彼は静かに言った。彼は私の前に片膝を立てて、肘をついて、私を見下ろしていた。石はますます緑光を放っている。

どうだろうか。この終幕には、解説なしには意味を捉えにくい箇所が多いかもしれないが、元型的なものがもっている胸を深く揺さぶる力は充分に感じてもらえると思う。じつはマテリアルはもう一回分残っているのだが、それは分析の終結に際してイマジネーションを閉じるための儀式のような内容なので、ここでは割愛する。いま提示した回が、約一〇か月にわたるG

さんの全プロセスのエッセンスにほかならない。

エッセンスというものはそれ自体が最良の説明になっているため、空疎な言を費やすと、その本質を損なう。なので、次の「おわりに」に、この最後の場面を類心系の個性化のプロセスとして見た場合にとくに注目すべきところだけを述べておく。そのうえで、本書の本来の目的である、類心的イマジネーションが開く視界についてまとめよう。

おわりに

増殖の霊薬

本書で提示したアクティヴ・イマジネーションの展開のなかでいちばん重要なのは、イマジナーが小鳥の右足がないのに気づき、「おまえがしたことだ」と神から指摘されたこと。そして、償ないきれないという悔恨と絶望のなかで、「私はそれを背負って生きていく」と決意したことである。

イマジナーは、このイマジネーションにおける長い艱難辛苦のなか、時空を超越する術を会得して完成させ、とうとう被害者、犠牲者の立場から脱することができた。かの神のもとに離隔させて預けてあったものを返してもらったのは、その証である。しかし、それで終わりではなかった。つまりイマジナーは、未熟だったあいだに、自身の時空変容的な力の萌芽に振り回されてしまっていたかもしれないのである。

イマジナーは、未分化であるがゆえに圧倒的なそうした力を無意識のうちに暴走させ、結果的にまわりに害を与えたり犠牲を強いたりしてきた可能性がある。あまつさえ、このイマジナーほどの意識化をともなう個性化は、じつはそれだけで罪深い。人間の個性化にとって意識の成長は不可欠だが、無意識的な原初の楽園を徹底的に破壊することにもなるからである。

イマジナーはここで、トラウマを解消しようとする際に必然的に新たなトラウマが生み出されることを知らされた。ということは、自身の負ったトラウマも、そのようにしてできたものだったかもしれないのだ。かの神はイマジナーに、そのことも示唆したうえで、彼女自身の所業の責任を問うた。それがなければ、ことは成就しない。「するべきことをしなさい」と彼は言う。

イマジナーは、小鳥に負わせた傷と同様に、みずからの右足を切断しようとした。そこにあったのが緑光を放つ宝石である。あこや貝が外套膜につけられた傷のなかに時間をかけて真珠を形成するのと同じように、トラウマはその内部にひそかに宝石を育んでいる（Rothenberg, 2001）。かの神は、かつてイマジナーがそのシルエットを見た若い姿に変容して、傷のなかから宝石を取り出し、「それがおまえのだ」と言った。イマジナーはこうして、以前にケイを弔ったときに自覚した使命、すなわち「黄金を見出すこと」と「胎児を生み出すこと」を成し遂げた。

神界の波長を奏でる竪琴は神の領分に属するもので、死すべき者の手に負える代物ではない。しかし、人間はみずからのトラウマのなかに神宝と等価なものを見出すことができる。それを全体性と呼ぶ。全体性の成就という個性化のプロセスの目的地に近づいていくためには、何度も何度も「死と再生」を繰り返していかなければならない。この宝石は、まさしくイマジナーの苦労の結晶である。

イマジナーはまだ異界にいる。ここで得られた全体性は、やはりイマジナーの時空の超越の力によって感知された、いまだ先取り的なものである。まずは、地上の世界に戻る必要があるだろう。トラウマの癒しがほんとうに成就されるかどうかは、Gさんの今後の現実におけるさまざまな要因に左右されるが、少なくとも成就のために必要な不可欠の条件は整った。

というのも、このイマジネーションのスタート地点となったあの印象的な初期夢において、夢見手は、なぜか「鳥を出す」仕事を課されたのだったが、その課題を成し遂げたと思われるからである。魔女との闘いにおいては、魔法で鳥にされていたかつての挑戦者たちを解放できたにちがいないし、最後の場面でも、犠牲にせざるをえなかった小鳥の足を、トラウマのなかで育まれた宝石として救い出している。

イマジナーはしばしば錬金術を連想させる作業をなしてきた。この宝石は、錬金術になぞらえて言うなら、「哲学者の石」に相当する。錬金術の最終段階で生成するこの微細《サトル》な物質には、増殖と呼ばれる作用がある。増殖とは、この石で卑金属に触れると、その卑金属がたちまち貴金属になることを指す。「哲学者の石」には、黄金を増殖させる感染力のようなものがあるわけである。

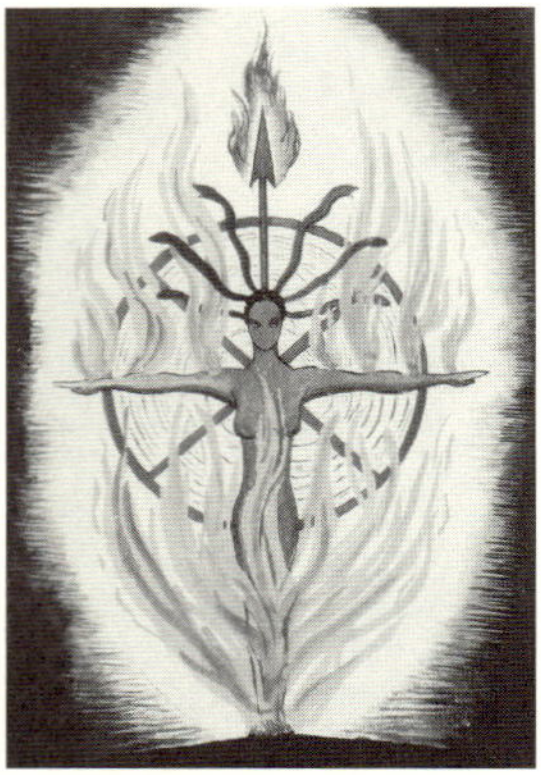

図11　『ヴィジョン・セミナー』より
ユングが『ヴィジョン・セミナー』でイマジネーションの才を絶賛したトラウマ系イマジナーのヴィジョン。「私は神にして悪魔。私は男にして女。私は愛にして憎しみ」。Jung, 1997から。

「哲学者の石」のこの働きは、禅の悟りのプロセスを牛との関わりになぞらえて描いた一〇枚の絵のシリーズ、十牛図の、最後の段階「入鄽垂《にってんすい》手《しゅ》」に相当するとされる(Franz, 1979)。この一〇枚目の絵には、布袋のような太鼓腹をした人物が往来にいる姿が描かれている。彼はにぎわう市場で人々ににこやかに語りかけ、枯れ木に花を咲かせる。悟りを開いた禅僧は、その後の修行の一環として、世間に出て悟りの恵みを広く分け与えなければならないのである。

イマジネーションそのものにも似た作用がある。第五章で述べたように、ユングは、『ヴィジョン・セミナー』でマテリアルをとりあげた、あのすぐれたイマジナーに対して、その記録が彼女の教会、聖堂、霊の在処になって、そこで再生が生じる、と述べている（Douglas, 1993, 1997）。さらには、そのマテリアルを「これは偉大な、人類の記録だ」とまで絶賛した。そのイマジナーもまた類心的イマジネーションのプロセスを歩んだトラウマ系の人だった（Douglas, 1993, 老松、二〇〇〇、図11参照）ことは、すでに述べたとおりである。

深いイマジネーション、とりわけ類心的イマジネーションの記録は、ひとりの個人の内的な作業のプロセスでありながら、集合的な価値をも有している。「哲学者の石」のように、増殖させる作用、感染力があるのだ。つまり、そのマテリアルを読む者の類心的領域における個性化のプロセスを促進する。ときには、そこにある深刻なトラウマを幾分なりとも癒す霊薬になるだろう。

ユングのみならず、心理療法家にはトラウマを抱えていた人が少なくない。トラウマが創造的に癒されたなら、今度は、トラウマを負っている他の人たちを癒すのだ。また、多くの霊能者はトラウマのサバイバーにほかならず、その霊能は時空の歪みが変容してできた産物である。霊能者のもとには、トラウマを負っている人たちが集まってくる。彼らは霊能者における時空の変容を体感し、霊能者も彼らにみずからの感染力を行使する。

類心的イマジネーションの地平

最後に、本書の内容を簡単にまとめておこう。ユングが類心的無意識という領域の存在を唱えたとき、それは、心理的とも生理的ともつかない無意識層を指していた。ユング自身はこの概念をあまり体系的に発展させることがなかったが、それが最も印象的に用いられているのは、共時的現象の発生に「類心的な元型」が関わっているという晩年の主張（Jung, 1952）においてである。

典型的な共時的現象は、たしかに、心と物質（ないし身体）の重なり合う領域で起きていると考えられる。しかし、はたしてそれだけなのか。類心的な領域の関与を想定しうる事態はもっと広範に見られる。昨今の心理臨床の世界を振り返ってみれば、そう感じさせる疾患や障害が次々に注目を集めてきている。したがって、ユングのこの概念は、従来以上に有効に使える可能性がある。

たとえば、発達系（老松、二〇一四）やトラウマ系。これらの人たちの場合、身体が心を巻き込んだり心が身体を巻きこんだりしているわけだが、両系のあいだには重なりがあって、どちらが本態か判然としない場合も多い。また、これら両系や一部の心身症者を含む、身体系個性化（老松、一九一六ａ）のプロセスを歩む人たち、つまり身体系にもよく似た特徴がある。

よく似た特徴とは、時間や空間の歪みが体験されていることである。それは一種の宗教性につながるところがあるため、発達系やトラウマ系は、啓示を受けたり、法悦を感じたり、鋭く予感し見通したりするが、他方では被害念慮や関係念慮を抱き、解離症状や侵入症状にも苦しんでいる。また身体系は、しばしば、苦行的な日々の鍛錬や身体の微調整を続ける。

これら三系を併せて類心系と呼ぶ。では、類心系の心と身体のあいだで起きることは何か。類心系においては時間や空間の超越が生じうる、というのが本書の主張の中心となる。類心系の体験する時間や空間の歪みは、単なる症状ではなく、本来は自己治癒を、すなわち時空の超越への変容をもたらす合目的的なものである。

この変容で起きることは、次のようにまとめられる。時間の歪み、つまり「時間の逆転」と「時間の凝縮」は、「当たってから撃つ」能力と「履歴を読む」能力になる。空間の歪み、つまり「空間の濃淡」は、「隅々まで有魂化する」能力になる。そして、もう一つの空間の歪み、「空間の重なり」は、「彼方まで重ね見る」能力になる。

逆に言えば、時空の歪みが時空の超越という本来の姿に変容すれば、類心系は癒されるし、まわりの近縁な人たちに癒しの輪を広げていける。ならば、時空の歪みから時空の超越への変容のためにできることは何なのか。提案したいのは、ユング派のイメージ技法、アクティヴ・イマジネーションである。その創始者、ユングは、トラウマ系としての自分、そして発達系としての自分を癒すべく、霊媒になじみの方法を借りてこの技法を編み出したのだった。

霊媒の力はトラウマにともなって発生しやすい解離や多重人格を土台としているわけだが、それを反対にトラウマの治療に使おうというのだからまことに興味深い。やはり症状は合目的なのである。ユングはアクティヴ・イマジネーションによってみずからを変容させた。イメージを用いる技法は数々あるが、内的な時間や空間を直接に扱うなら、無意識とリアルタイムで関わることのできるアクティヴ・イマジネーションに勝るものはない。

イマジネーションの世界では、時間や空間の変容が起きてもまったく不自然ではない。むしろ、イマジネーション以上にそうしたテーマにふさわしい技法はないだろう。本書では、類心系のアクティヴ・イマジネーション、あるいは類心的領域にまで至るアクティヴ・イマジネーションを、類心的イマジネーションと名づけた。

最後の二章には、類心的イマジネーションの具体的な事例を示した。時空の歪みを時空の超越へと鮮やかに変容させた、非常に稀有な事例である。類心的イマジネーションの開く新しい視界は広い。それには肯定的な感染力がある。このすぐれたマテリアルを真剣に読んで、主人公と同一化し、みずからの体験とすることができれば、そこから読者にも癒しの力が伝わってくるにちがいない。

文献（邦訳があるものはあげておくが、必ずしもここにあげた版が底本ではない）

Adler, J., 1995, *Arching backward: The mystical initiation of a contemporary woman*, Inner Traditions.

Adler, J., 1987, Who is the witness?: A description of authentic movement, Pallaro, P., ed., 1999, *Authentic movement: Essays by Mary Starks Whitehouse, Janet Adler and Joan Chodorow*, 141–159, Jessica Kingsley Publishers.

Asper, K., 1987, *Verlassenheit und Selbstentfremdung*, 4. Auflage, Walter-Verlag.（老松克博訳、二〇〇一、『自己愛障害の臨床——見捨てられと自己疎外』、創元社。）

Bach, S., 1990, *Life paints its own span: On the significance of spontaneous pictures by severely ill children*, Daimon Verlag.（老松克博・角野善宏訳、一九九八、『生命《いのち》はその生涯を描く——重病の子どもが描く自由画の意味』、誠信書房。）

Berceli, D., 2008, *The revolutionary trauma release process*, Namaste Publishing.（山川紘矢・亜希子訳、二〇一二、『人生を変えるトラウマ解放エクササイズ』、ＰＨＰ研究所。）

Callahan, R.J., 2000, *Tapping the healer within: Using thought field therapy to instantly conquer your fears, anxieties, and emotional distress*, Contemporary Books.（穂積由利子訳、二〇〇一、『〈思考場〉療法入門——タッピングで不安、うつ、恐怖症を取り除く』、春秋社。）

Cambray, J., 2009, *Synchronicity: Nature & psyche in an interconnected universe*, Texas A & M University Press.

Chodorow, J., 1991, *Dance therapy and depth psychology: The moving imagination*, Routledge.（平井タカネ監訳、川岸恵子・三井悦子・崎山ゆかり訳、一九九七、『ダンスセラピーと深層心理——動きとイメージの交感——』、不昧堂出版。）

Csikszentmihalyi, M., 1990, *Flow: The psychology of optimal experience*, Harper and Row.（今村浩明訳、

一九九六、『フロー体験――喜びの現象学』、世界思想社．）
Csikszentmihalyi, M., 1997, *Finding flow: The psychology of engagement with everyday life*, Basic Books.（大森弘訳、二〇一〇、『フロー体験入門――楽しみと創造の心理学』、世界思想社．）
出口王仁三郎、一九六七（一九九八）、『霊界物語』（電子ブック版）、八幡書店．
De Rola, S. K., 1988, *The golden game: Alchemical engravings of the seventeenth century*, Thames and Hudson.
Douglas, C., 1993, *Translate this darkness: The life of Christiana Morgan, the veiled woman in Jung's circle*, Princeton University Press.
Douglas, C., 1997, Introduction, Jung, C. G., *Visions: Notes of the seminar given in 1930–1934*, Princeton University Press.（氏原寛・老松克博監訳、角野善宏・川戸圓・宮野素子・山下雅也訳、二〇〇九、『ヴィジョン・セミナー』、創元社．）
Franz, M.-L. von, 1979, *Alchemial active imagination*, Spring Publications,.（垂谷茂弘訳、二〇〇〇、『ユング思想と錬金術――錬金術における能動的〈想像〉』、人文書院．）
Franz, M.-L. von, 1981, Introduction, Hannah, B., *Encounters with the soul: Active imagination as developed by C. G. Jung*, pp. 1–2, Sigo Press.（老松克博・角野善宏訳、二〇〇〇、『アクティヴ・イマジネーションの世界――たましいとの出逢い』、創元社．）
Gabbard, G. O., 1990, Two Subtypes of Narcissistic Personality Disorder, *Bulletin of Meninger Clinic*, 53, 527.
Grand, D, 2013, *Brainspotting: The revolutionary new therapy for rapid and effective change*, Sounds True.（藤本昌樹監訳、藤本昌樹・鈴木孝信訳、二〇一七、『ブレインスポッティング入門』、星和書店．）
Hannah, B., 1981, *Encounters with the soul: Active imagination as developed by C. G. Jung*, Sigo Press.（老松克博・角野善宏訳、二〇〇〇、『アクティヴ・イマジネーションの世界――たましいとの出逢い』、創元社．）
堀尾青史、一九六七、『年譜宮沢賢治伝』、図書新聞社．
伊藤栄蔵、一九九九、『大本・教祖伝 出口なお 出口王仁三郎の生涯』、天声社．
Jaffé, A., hrsg., 1977, *C. G. Jung: Bild und Wort*, Walter-Verlag.（氏原寛訳、一九九五、『ユング そのイメージとこ

とば』、誠信書房。）

Johnson, R., 1986, *Inner work: Using dreams and active imagination for personal growth*, Harper & Row.

Jung, C. G., 1902, Zur Psychologie und Pathologie sogenannter okkulter Phänomene, *Die Gesammelte Werke von C. G. Jung* (*GW*), Bd. 1, Walter-Verlag, 1966.（宇野昌人・岩堀武司・山本淳訳、一九八二、『心霊現象の心理と病理』、法政大学出版局。）

Jung, C. G., 1906, Psychoanalyse und Assoziationsexperiment, *GW*2, Waler Verlag, 1979.（高尾浩幸訳、一九九三、『診断学的連想研究』、人文書院。）

Jung, C. G., 1912/1952, *Symbole der Wandlung: Analyse des Vorspiels zu einer Schizophrenie*, *GW*5, Walter-Verlag, 1973.（野村美紀子訳、一九八五、『変容の象徴――精神分裂病の前駆症状』、筑摩書房。）

Jung, C. G., 1916a, Die transzendente Funktion, *GW*8, Walter-Verlag, 1967.（松代洋一訳、一九八五、超越機能、『創造する無意識』、七五－一三六、朝日出版社。）

Jung, C. G., 1916b, Septem Sermones ad Mortuous, Jaffé, A., hrsg., 1971/1987, *Erinnerungen, Träume, Gedanken*, Walter-Verlag.（河合隼雄・藤縄昭・出井淑子訳、一九七二／一九七三、死者への七つの語らい、『ユング自伝一／二』、みすず書房。）

Jung, C. G., 1929, Kommentar zu *Das Geheimniss der Goldenen Blüte*, *GW*13, Walter-Verlag, 1978.（湯浅泰雄・定方昭夫訳、一九八〇、ヨーロッパの読者への注解、『黄金の華の秘密』、人文書院。）

Jung, C. G., 1942, *Paracelsica: Zwei Vorlesungen über den Arzt und Philosophen Theophrastus*, *GW*13/15, Walter-Verlag, 1978/1971.（榎木真吉訳、一九九二、『パラケルスス論』、みすず書房。）

Jung, C. G., 1944, *Psychologie und Alchemie*, *GW*12, Walter Verlag, 1972.（池田紘一・鎌田道生訳、一九七六、『心理学と錬金術Ⅰ／Ⅱ』、人文書院。）

Jung, C. G., 1946, Die Psychologie der Übertragung, *GW*16, Walter Verlag, 1958.（林道義・磯上恵子訳、一九九四、『転移の心理学』、みすず書房。）

Jung, C. G., 1948, Der Geist Mercurius, *GW*13, Walter-Verlag, 1978.（老松克博訳、近刊、『霊メルクリウス（仮）』、

竜王文庫）

Jung, C. G., 1952, Synchronizität als ein Prinzip akausaler Zusammenhänge, *GW8*, Walter-Verlag, 1967.（ユング・パウリ著、河合隼雄・村上陽一郎訳、一九七六、『自然現象と心の構造――非因果的連関の原理』、海鳴社）

Jung, C. G., 1954a, Der Philosophische Baum, *GW13*, Walter-Verlag, 1978.（老松克博監訳、工藤昌孝訳、二〇〇九、『哲学の木』、創元社）

Jung, C. G., 1954b, Die Visionen des Zosimos, *GW13*, Walter-Verlag, 1978.（老松克博訳、二〇一八、『ゾシモスのヴィジョン――古代ギリシアの錬金術師による夢見の指南書』、竜王文庫）

Jung, C. G., 1954c, Zur Psychologie der Tricksterfigur, *GW9/I*, Walter Verlag, 1976.（河合隼雄訳、一九七四、トリックスター像の心理、P・ラディンほか著、皆河宗一ほか訳『トリックスター』、晶文社）

Jung, C. G., 1954d, Theoretische Überlegungen zum Wesen des Psychischen, *GW8*, Walter Verlag, 1967.

Jung, C. G., 1955/1956, *Mysterium coniunctionis*, *GW14*, Walter Verlag, 1968.（池田紘一訳、一九九五／二〇〇〇、『結合の神秘I／II』、人文書院）

Jung, C. G., 1971/1987, Jaffé, A., hrsg, *Erinnerungen, Träume, Gedanken*, Walter-Verlag.（河合隼雄・藤縄昭・出井淑子訳、一九七二／一九七三、『ユング自伝1／2』、みすず書房）

Jung, C. G., 1996, Shamdasani, S., ed., *The psychology of Kundalini yoga: Notes of the seminar given in 1932 by C. G. Jung*, Routledge, 1996.（老松克博訳、二〇〇四、『クンダリニー・ヨーガの心理学』、創元社）

Jung, C. G., 1997, Douglas, C., ed., *Visions: Notes of the seminar given in 1930–1934 by C. G. Jung*, Princeton University Press.（氏原寛・老松克博監訳、二〇〇九、角野善宏・川戸圓・宮野素子・山下雅也訳、『ヴィジョン・セミナー』、創元社）

Jung, C. G., 2010, Shamdasani, S., hrsg. u. eingel., *Das rote Buch: Liber Novus*, Patmos.（河合俊雄監訳、田中康裕・高月玲子・猪俣剛訳、二〇一〇、『赤の書』、創元社）

Kalsched, D, 1996, *The inner world of trauma: Archetypal defenses of the personal spirit*, Routledge.（豊田園子・千野美和子・高田夏子訳、二〇〇五、『トラウマの内なる世界――セルフケア防衛のはたらきと臨床』、新曜

社。）

河合隼雄・湯浅泰雄・吉田敦彦、一九八三、『日本神話の思想――スサノヲ論』、ミネルヴァ書房。

河合逸雄、一九七二、てんかん患者の神経症状態――覚醒てんかんの精神病理学的研究、『精神神経学雑誌』七四、三八－七六。

河合逸雄、一九八七、『意識障害の人間学――てんかんの精神病理』、岩波書店。

木村敏、一九八〇、てんかんの存在構造、木村敏編、一九八〇、『てんかんの人間学』、五九－一〇〇、東京大学出版会。

Krishna, G., 1967, *Kundalini*, Kundalini Research and Publication Trust.（中島巖訳、一九八〇、『クンダリニー』、平河出版社。）

久保隆司、二〇一一、『ソマティック心理学』、春秋社。

Levine, P. A., 1997, *Waking the tiger: Healing trauma*, North Atlantic Books.（藤原千枝子訳、二〇〇八、『心と身体をつなぐトラウマ・セラピー』、雲母書房。）

Levine, P. A., 2010, *In an unspoken voice*, North Atlantic Books.（池島良子・西村もゆ子・福井一義・牧野有可里訳、二〇一六、『身体に閉じ込められたトラウマ――ソマティック・エクスペリエンシングによる最新のトラウマ・ケア』、星和書店。）

Meier, C. A., 1986, *Soul and body: Essays on the theories of C. G. Jung*, The Lapis Press.（秋山さと子訳、一九八九、『ソウル・アンド・ボディ』、法藏館。）

Musicant, S., 2001, Authentic movement: Clinical and theoretical consideration, Pallaro, P., ed., 2007, *Authentic movement: Moving the body, moving the self, being moved, A collection of essays Volume two*, 128-136, Jessica Kingsley Publishers.

野間俊一、二〇一二、『身体の時間――〈今〉を生きるための精神病理学』、筑摩選書。

Ogden, P., Minton, K., Pain, C., 2006, *Trauma and the body*, W.W. Norton & Company, Inc.（日本ハコミ研究所訳、二〇一二、『トラウマと身体――センサリーモーター・サイコセラピー（SP）の理論と実践』、星和書

店.)
老松克博、一九九七、『漂泊する自我——日本的意識のフィールド・ワーク』、新曜社.
老松克博、一九九九、『スサノオ神話でよむ日本人——臨床神話学のこころみ』、講談社選書メチエ.
老松克博、二〇〇〇、『アクティヴ・イマジネーション——ユング派最強の技法の誕生と展開』、誠信書房.
老松克博、二〇〇一、『サトル・ボディのユング心理学』、トランスビュー.
老松克博、二〇〇四a、『無意識と出会う』(アクティヴ・イマジネーションの理論と実践①)、トランスビュー.
老松克博、二〇〇四b、『成長する心』(アクティヴ・イマジネーションの理論と実践②)、トランスビュー.
老松克博、二〇〇四c、『元型的イメージとの対話』(アクティヴ・イマジネーションの理論と実践③)、トランスビュー.
老松克博、二〇一〇、「二重見当識のあわいで——訳者解説にかえて、ブラヴァツキー著、老松克博訳、『ベールをとったイシス 第1巻 科学 上』、(1)-(17)、竜王文庫.
老松克博、二〇一一、『ユング的悩み解消術——実践!モバイル・イマジネーション』、平凡社.
老松克博、二〇一四、『人格系と発達系——〈対話〉の深層心理学』、講談社選書メチエ.
老松克博、二〇一六a、『身体系個性化の深層心理学——あるアスリートのプロセスと対座する』、遠見書房.
老松克博、二〇一六b、『共時性の深層——ユング心理学が開く霊性への扉』、コスモス・ライブラリー.
老松克博、二〇一六c、第11章 アクティヴ・イマジネーション、小野けい子・佐藤仁美編著『改訂版 心理臨床とイメージ』(放送大学印刷教材)、一二六-一三七、放送大学教育振興会.
老松克博、二〇一七、『武術家、身・心・霊を行ず——ユング心理学から見た極限体験・殺傷のなかの救済』、遠見書房.
大塚義孝、一九七四、『衝動病理学』、誠信書房.
Pallaro, P., ed., 1999, *Authentic movement: Essays by Mary Starks Whitehouse, Janet Adler and Joan Chodorow*, Jessica Kingsley Publishers.

Rothenberg, R.-E., 2001, *The jewel in the wound*, Chiron Publications.
Shapiro, F., 1995/2001, *Eye movement desensitization and reprocessing: Basic principles, protocols and procedures*, Guilford Pr.（市井雅哉監訳、有村達之・岩井圭司・太田茂行ほか訳、二〇〇四、『ＥＭＤＲ外傷記憶を処理する心理療法』、二瓶社.）
柴山雅俊、二〇〇七、『解離性障害——「うしろに誰かいる」の精神病理』、ちくま新書.
柴山雅俊、二〇一七、『解離の舞台——症状構造と治療』、金剛出版.
Spiegelman, J. M., 河合隼雄、一九九四、町沢静夫・森文彦訳、『能動的想像法——内なる魂との対話』、創元社.
Szondi, L., 1952, *Triebpathologie* 1 A, Verlag Hans Huber.
東畑開人、二〇一五、『野の医者は笑う——心の治療とは何か?』、誠信書房.
次田真幸（全訳注）、一九七七、『古事記（上）』、講談社学術文庫.
柳田國男、一九三三、桃太郎の誕生、『柳田國男全集10』、ちくま文庫、一九九〇.
安永浩、一九八〇、「中心気質」という概念について、木村敏編、一九八〇、『てんかんの人間学』、二一一–五七、東京大学出版会.
Whitehouse, M. S., 1979, C. G. Jung and dance therapy: Two major principles, Pallaro, P., ed., 1999, *Authentic movement: Essays by Mary Starks Whitehouse, Janet Adler and Joan Chodorow*, 73–101, Jessica Kingsley Publishers.
Woodroffe, J.（pseudonym, Avalon, A.）, 1919, *The serpent power*, Ganesh & Co.

あとがき

私はアカデミズムの世界に属してはいるが、わりあい気ままに仕事をしてきた。つまり、学問のルールにかならずしも縛られることなく、むしろエッセイふうに書きたいことを書いてきた。論理的な正確さや厳密さをふまえて何かを証明するよりは、臨床の実践において助けになりそうなヒューリスティックを見出したり、理由は説明できないけれどもこうらしいという「隠れ法則」のようなものを提示したりするのを好む。そうこうしているうちに、気がつくと、もう数十年の時が過ぎていた。

私はまた、かなり気まぐれに仕事をしてきたほうである。「気まぐれに」といっても、仕事に没頭していたかと思えばしばらくは何もしなくなるというようなムラがあったわけではない。ほぼ間断なく、その場その場の思いつきで研究や調査をしてきたということである。特定のテーマを追究し続けたこともないではないが、生きていくなかで興味がおのずから移ろっていくにまかせ、そのつど関心の高まったテーマを渡り歩いてきた感じがしている。

それゆえ、そうした諸々のテーマを並べてみても、まったくもってまとまりを欠く。たとえば、夢、漂泊、てんかん、神話、サトル・ボディ、想像、アスレティクス、偶然、異能、トラウマ……といったふうで、それぞれがまったく無関係ではないにせよ、とうてい一貫性のある流れとは言い難い。さすがにあるテーマとその次のテーマのあいだには連鎖状の薄いつながりはあると思うが、少なくとも、何か不動の中心的テーマがあって周囲に関連ある諸テーマが配置されているというような車軸状のつながりについては怪しい。

もっとも、ハブの役割をはたしうるものがないではない。アクティヴ・イマジネーションである。私は、神話を、サトル・ボディを、アスレティクスを、偶然を、それぞれアクティヴ・イマジネーションのマテリアルとからめて論じてきた。というのは、アクティヴ・イマジネーションがユング派の治療分析や教育分析の要の一つであり、私にとっては使い慣れた、最もなじみのある技法だったからである。

かくして、種々のテーマをほぼつねにアクティヴ・イマジネーションを介して論じてきたわけだが、ユング派分析家である私にとっては、おのずからそうなったにすぎない。そこで、定年退職に向けてそろそろカウントダウンがはじまろうとしている今、アクティヴ・イマジネーションをより意識的にハブの座に据えて全体をまとめ直してみようと一念発起した次第である。

まとめ直すとはいっても、かつて一度書いたことをそのまま寄せ集めたわけではない。骨組みは新たな素材を加えて構成している。むしろ、かつて論じた内容はいたずらに繰り返さないよう多くを割愛したので、かえって読みにくくなったところもあると思う。その点は読者にお詫びしておかなければならない。執筆を終えてみて思うに、本書においても私の気ままや気まぐれはついに治らなかった気がする。ここに記したのは科学的な知ではなく、あくまでも神話的な知に属することがらである。

本書の出版にあたっては多くの方々のお世話になった。どうせまとめ直すなら二〇年以上勤めてきた職場の出版部門のお世話になりたいと思って申請してみたところ、さいわい承認を得ることができた。大阪大学出版会ならびに出版委員会の先生方に厚くお礼を申し上げたい。アカデミアンらしからぬ私にも居場所を与えてくれる阪大の懐の深さには、ずいぶん助けられている。編集部の川上展代さんからは、臨床哲学出身らしい繊細で的確な助言がたびたびもらえて、ほんとうにありがたかった。そして、最後になってしまったが、イマジネーションの再掲をご快諾いただいたGさんをはじめ、不屈の心と身体が持つ生き生きとした奥深さを臨床の場でたくさん教えてくださった方々に、ありったけの感謝の気持ちを捧げたい。

平成三〇年盛夏

自然の猛威が絶え間なくトラウマを生み出す日々に身を置いて　著者識

老松克博（おいまつ・かつひろ）

1984年、鳥取大学医学部卒業。1992〜95年、チューリッヒ・ユング研究所留学。現在、大阪大学大学院人間科学研究科教授。ユング派分析家。博士（医学）。

著書：『武術家、身・心・霊を行ず』『身体系個性化の深層心理学』（遠見書房）、『共時性の深層』（コスモス・ライブラリー）、『人格系と発達系』『スサノオ神話でよむ日本人』（講談社）、『ユング的悩み解消術』（平凡社）、『無意識と出会う』『成長する心』『元型的イメージとの対話』（トランスビュー）、ほか。

訳書：ユング『ヴィジョン・セミナー』『哲学の木』『クンダリニー・ヨーガの心理学』（創元社）、ブラヴァツキー『ベールをとったイシス』（竜王文庫）、ほか。

阪大リーブル67

心と身体のあいだ
——ユング派の類心的イメージネーションが開く視界

発 行 日　2019年1月11日　初版第1刷　〔検印廃止〕

著　　者　老 松　克 博

発 行 所　大阪大学出版会
代表者　三成賢次
〒565-0871
吹田市山田丘2-7　大阪大学ウエストフロント
電話・FAX　06-6877-1614
URL　http://www.osaka-up.or.jp

印刷・製本　株式会社 遊文舎

ISBN 978-4-87259-449-2 C1311

HANDAI Live

阪大リーブル

001 **ピアノはいつピアノになったか？**（付録CD「歴史的ピアノの音」）伊東信宏 編　定価 本体1700円+税

002 **日本文学　二重の顔**〈成る〉ことの詩学へ　荒木浩 著　定価 本体2000円+税

003 **超高齢社会は高齢者が支える**　年齢差別《エイジズム》を超えて創造的老い《プロダクティブエイジング》へ　藤田綾子 著　定価 本体1600円+税

004 **ドイツ文化史への招待**　芸術と社会のあいだ　三谷研爾 編　定価 本体2000円+税

005 **猫に紅茶を**　生活に刻まれたオーストラリアの歴史　藤川隆男 著　定価 本体1700円+税

006 **失われた風景を求めて**　災害と復興、そして景観　鳴海邦碩・小浦久子 著　定価 本体1800円+税

007 **医学がヒーローであった頃**　ポリオとの闘いにみるアメリカと日本　小野啓郎 著　定価 本体1700円+税

008 **歴史学のフロンティア**　地域から問い直す国民国家史観　秋田茂・桃木至朗 編　定価 本体2000円+税

009 懐徳堂 **墨の道　印の宇宙**　懐徳堂の美と学問　湯浅邦弘 著　定価 本体1700円+税

010 **ロシア　祈りの大地**　津久井定雄・有宗昌子 編　定価 本体2100円+税

011 懐徳堂 **江戸時代の親孝行**　湯浅邦弘 編著　定価 本体1800円+税

012 **能苑逍遥(上)　世阿弥を歩く**　天野文雄 著　定価 本体2100円+税

013 **わかる歴史・面白い歴史・役に立つ歴史**　歴史学と歴史教育の再生をめざして　桃木至朗 著　定価 本体2000円+税

014 **芸術と福祉**　アーティストとしての人間　藤田治彦 編　定価 本体2200円+税

015 **主婦になったパリのブルジョワ女性たち**　一〇〇年前の新聞・雑誌から読み解く　松田祐子 著　定価 本体2100円+税

016 **医療技術と器具の社会史**　聴診器と顕微鏡をめぐる文化　山中浩司 著　定価 本体2200円+税

017 **能苑逍遥(中)　能という演劇を歩く**　天野文雄 著　定価 本体2100円+税

018 **太陽光が育くむ地球のエネルギー**　光合成から光発電へ　濱川圭弘・太和田善久 編著　定価 本体1600円+税

019 **能苑逍遥(下)　能の歴史を歩く**　天野文雄 著　定価 本体2100円+税

020 懐徳堂 **市民大学の誕生**　大坂学問所懐徳堂の再興　竹田健二 著　定価 本体2000円+税

021 **古代語の謎を解く**　蜂矢真郷 著　定価 本体2300円+税

022 **地球人として誇れる日本をめざして**　日米関係からの洞察と提言　松田武 著　定価 本体1800円+税

023 **フランス表象文化史**　美のモニュメント　和田章男 著　定価 本体2000円+税

024 懐徳堂 **漢学と洋学**　伝統と新知識のはざまで　岸田知子 著　定価 本体1700円+税

025 **ベルリン・歴史の旅**　都市空間に刻まれた変容の歴史　平田達治 著　定価 本体2200円+税

026 **下痢、ストレスは腸にくる**　石蔵文信 著　定価 本体1300円+税

027 **くすりの話**　セルフメディケーションのための　那須正夫 著　定価 本体1100円+税

028 **格差をこえる学校づくり**　関西の挑戦　志水宏吉 編　定価 本体2000円+税

029 **リン資源枯渇危機とはなにか**　リンはいのちの元素　大竹久夫 編著　定価 本体1700円+税

030 **実況《ライブ》・料理生物学**　小倉明彦 著　定価 本体1700円+税

031 **夫 源 病**
こんなアタシに誰がした
石蔵文信 著
定価 本体1300円+税

032 **ああ、誰がシャガールを理解したでしょうか？** CD付
二つの世界間を生き延びたイディッシュ文化の末裔
圀府寺司 編著
定価 本体2000円+税

033 懐徳堂 **懐徳堂ゆかりの絵画**
奥平俊六 編著
定価 本体2000円+税

034 **試練と成熟**
自己変容の哲学
中岡成文 著
定価 本体1900円+税

035 **ひとり親家庭を支援するために**
その現実から支援策を学ぶ
神原文子 編著
定価 本体1900円+税

036 **知財インテリジェンス**
知識経済社会を生き抜く基本教養
玉井誠一郎 著
定価 本体2000円+税

037 **幕末鼓笛隊**
土着化する西洋音楽
奥中康人 著
定価 本体1900円+税

038 **ヨーゼフ・ラスカと宝塚交響楽団**
（付録CD「ヨーゼフ・ラスカの音楽」）
根岸一美 著
定価 本体2000円+税

039 **上田秋成**
絆としての文芸
飯倉洋一 著
定価 本体2000円+税

040 **フランス児童文学のファンタジー**
石澤小枝子・高岡厚子・竹田順子 著
定価 本体2200円+税

041 **東アジア新世紀**
リゾーム型システムの生成
河森正人 著
定価 本体1900円+税

042 **芸術と脳**
絵画と文学、時間と空間の脳科学
近藤寿人 編
定価 本体2200円+税

043 **グローバル社会のコミュニティ防災**
多文化共生のさきに
吉富志津代 著
定価 本体1700円+税

044 **グローバルヒストリーと帝国**
秋田茂・桃木至朗 編
定価 本体2100円+税

045 **屏風をひらくとき**
どこからでも読める日本絵画史入門
奥平俊六 著
定価 本体2100円+税

046 **アメリカ文化のサプリメント**
多面国家のイメージと現実
森岡裕一 著
定価 本体2100円+税

047 **ヘラクレスは繰り返し現われる**
夢と不安のギリシア神話
内田次信 著
定価 本体1800円+税

048 **アーカイブ・ボランティア**
国内の被災地で、そして海外の難民資料を
大西 愛 編
定価 本体1700円+税

049 **サッカーボールひとつで社会を変える**
スポーツを通じた社会開発の現場から
岡田千あき 著
定価 本体2000円+税

050 **女たちの満洲**
多民族空間を生きて
生田美智子 編
定価 本体2100円+税

051 **隕石でわかる宇宙惑星科学**
松田准一 著
定価 本体1600円+税

052 **むかしの家に学ぶ**
登録文化財からの発信
畑田耕一 編著
定価 本体1600円+税

053 **奇想天外だから史実**
天神伝承を読み解く
髙島幸次 著
定価 本体1800円+税

054 **とまどう男たち—生き方編**
伊藤公雄・山中浩司 編著
定価 本体1600円+税

055 **とまどう男たち—死に方編**
大村英昭・山中浩司 編著
定価 本体1500円+税

056 **グローバルヒストリーと戦争**
秋田茂・桃木至朗 編著
定価 本体2300円+税

057 **世阿弥を学び、世阿弥に学ぶ**
大槻文藏監修 天野文雄 編集
定価 本体2300円+税

058 **古代語の謎を解く Ⅱ**
蜂矢真郷 著
定価 本体2100円+税

059 **地震・火山や生物でわかる地球の科学**
松田准一 著
定価 本体1600円+税

060 **こう読めば面白い！ フランス流日本文学**
—子規から太宰まで—
柏木隆雄 著
定価 本体2100円+税

061
歯周病なんか怖くない
歯学部教授が書いたやさしい歯と歯ぐきの本
村上伸也 編
定価 本体1300円+税

062
みんなの体をまもる免疫学のはなし
対話で学ぶ役立つ講義
坂野上淳 著
定価 本体1600円+税

063
フランスの歌いつがれる子ども歌
石澤小枝子・高岡厚子・竹田順子 著
定価 本体1800円+税

064
黄砂の越境マネジメント
黄土・植林・援助を問いなおす
深尾葉子 著
定価 本体2300円+税

065
古墳時代に魅せられて
都出比呂志 著
定価 本体1700円+税

066
「羅生門」の世界と芥川文学
清水康次 著
定価 本体2000円+税

（四六判並製カバー装。定価は本体価格＋税。以下続刊）